山东省教育厅项目"绿色金融提升山东黄河流域生态效率的最优规模研究"（2022RW062）
山东青年政治学院校级科研项目"新旧动能转换下的山东科技创新人才集聚度研究"（SJZDXM202203）

企业游戏化对个体参与的激励机制研究

A Study on the Incentive Mechanism of
Gamification in Enterprises for Individual Participation

陈园园 毕玮 ◎ 著

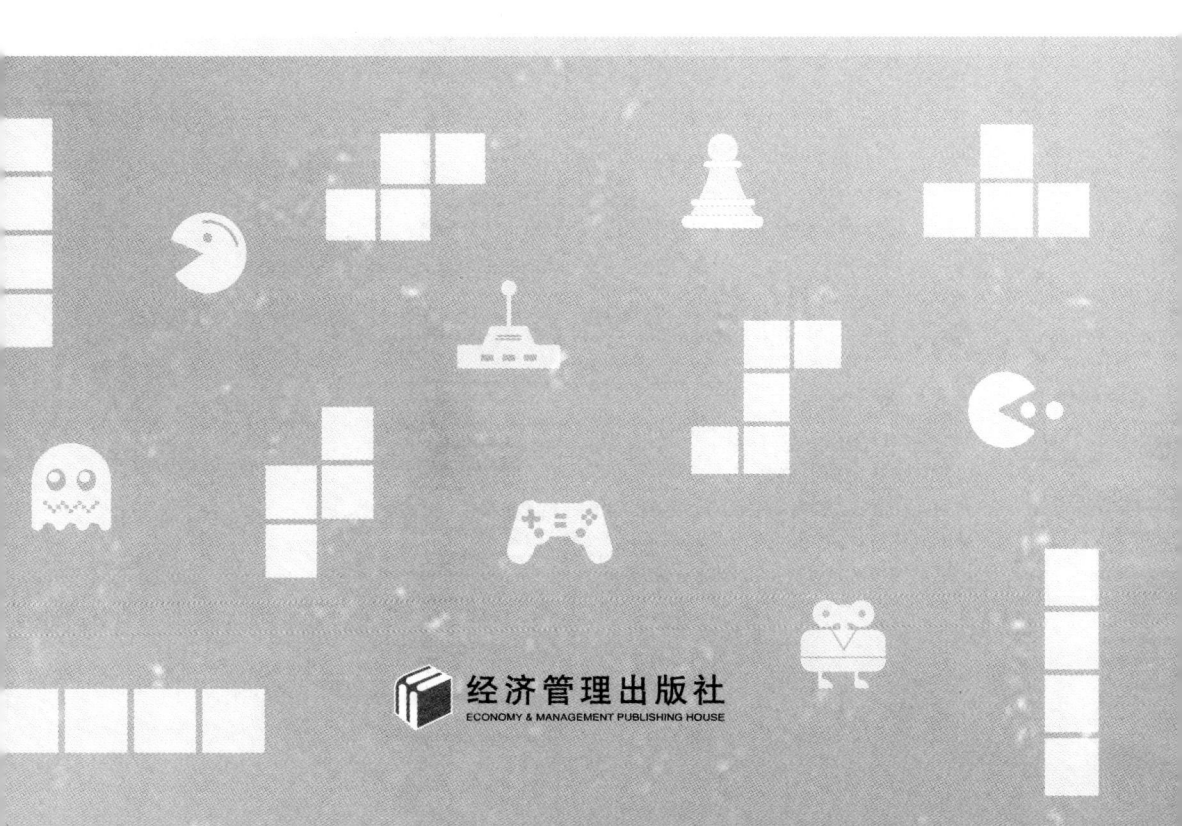

经济管理出版社
ECONOMY & MANAGEMENT PUBLISHING HOUSE

图书在版编目（CIP）数据

企业游戏化对个体参与的激励机制研究/陈园园，毕玮著.—北京：经济管理出版社，2023.11

ISBN 978-7-5096-9438-1

Ⅰ.①企… Ⅱ.①陈…②毕… Ⅲ.①企业管理—研究 Ⅳ.①F272

中国国家版本馆 CIP 数据核字（2023）第 222738 号

组稿编辑：任爱清
责任编辑：任爱清
责任印制：张莉琼
责任校对：蔡晓臻

出版发行：经济管理出版社
（北京市海淀区北蜂窝 8 号中雅大厦 A 座 11 层　100038）
网　　址：www.E-mp.com.cn
电　　话：（010）51915602
印　　刷：唐山昊达印刷有限公司
经　　销：新华书店
开　　本：720mm×1000mm/16
印　　张：13
字　　数：211 千字
版　　次：2024 年 1 月第 1 版　2024 年 1 月第 1 次印刷
书　　号：ISBN 978-7-5096-9438-1
定　　价：88.00 元

·版权所有　翻印必究·
凡购本社图书，如有印装错误，由本社发行部负责调换。
联系地址：北京市海淀区北蜂窝 8 号中雅大厦 11 层
电话：（010）68022974　邮编：100038

前　言

技术经济的发展推动企业的经营环境、管理环境、主体能力和行为、产品和服务的价值创造过程等不断重构，使企业的激励环境、激励对象以及激励需求等要素都发生了巨大的变化，进而对企业激励策略和激励工具提出新的要求。而电子游戏具有较强的激励作用和享乐体验效果，对个体情绪和行为具有重大影响力，在激励个体参与方面具有明显的优势，受其启发，企业游戏化近年来在实践中得到了较好的应用和发展。

企业游戏化是将游戏化系统应用于企业场景，主要呈现出两种不同的应用模式：一是应用于企业在线社区场景，面向用户的外部游戏化；二是应用于企业工作场景，面向员工的内部游戏化。企业外部游戏化主要应用于在线品牌社区场景，主要是将一些游戏元素应用于在线社区的界面设计、功能设计、活动设计、用户信息展示、用户交流与反馈等。企业内部游戏化主要应用于工作场景，主要是将一些游戏设计思维和游戏元素借鉴应用到企业的职位体系设计、任务设计、培训学习、团队合作、绩效考核、薪酬激励和职业生涯管理等员工管理体系中。游戏化系统受到诸多企业的青睐，被用以激励外部用户和内部员工的积极参与，正在成为能够创造性地帮助个体和企业发展与创新的新型激励工具，对于重塑个体的参与体验，进而对其行为模式进行改造具有重要的参考价值。例如，罗辑思维公司的"节操币"模式和步科公司的"部落生存"模式就都属于企业游戏化应用并且取得了瞩目成果。

但是，目前关于企业游戏化激励个体参与的研究尚属于较新的领域，国内企业游戏化相关研究成果无论是研究数量还是质量都严重滞后于国外，遑论相关的研究团队和研讨会议。虽然国外相关的研究成果、研究团队和学术会议等已稍具规模，但仍处于研究的起步探索阶段，尤其在以下四个方面依旧存在较大研究空间：一是对于游戏化为什么以及如何被应用于塑造或放大行为条件，现有的理论基础性研究和实证研究都有限；二是对游戏的本质缺乏从历史和文化角度进行追本溯源，限制了对游戏化在后工业社会的意义追寻和人文关怀等方面影响力的深刻思考，导致现有研究鲜少对游戏化激励本质的逻辑起点即人性假设，以及对应的管理逻辑进行深入探讨；三是研究构念还没有实现完全的场景化，导致游戏化理论还没有与经典组织理论如组织行为学、激励理论和后现代管理理论等形成深入对话；四是现有研究大多聚焦于企业游戏化的激励效果及中介的静态机制研究，比较缺乏从动态过程视角解构企业游戏化系统运作过程中各构成要素及各自功能的协作关系。

鉴于此，本书以"游戏人"人性假设为逻辑起点，以情境观思想为理论基础，综合定性和定量的研究方法，兼顾企业外部在线社区场景和内部工作场景，从而探讨企业游戏化如何激励个体参与。具体研究内容安排如下：

第一章为绪论。首先，介绍技术革命引发的企业激励环境的变化、传统激励理论和激励工具面临的困境以及游戏化这一新型激励工具的兴起等研究背景。其次，在此基础上提出"企业游戏化如何激励外部用户和内部员工参与"这一研究问题。最后，阐明研究的理论和实践意义，并对研究方法和内容结构进行慎重选择和周详安排。

第二章为相关文献。首先，对游戏化的定义、游戏元素、游戏体验、使用者类型及应用场景等游戏化相关概念进行了介绍，并对企业游戏化和个体参与的概念范畴进行了界定。其次，对企业外部和内部游戏化应用的国内外相关研究进行了文献回顾。最后，在对这些文献进行归纳、梳理和总结的基础上，明晰现有文献的研究成果和不足之处，并对研究问题进行更全面、深入的把握。

第三章为相关理论。首先，对本书涉及的"游戏人"人性假设和基础理论进行介绍，包括主理论——以托马斯、戈夫曼和梅罗维茨为代表的情境观思想，以及辅理论——常用于解释游戏化激励效应的心理学相关理论如心流理论和自我决定理论，并对这些理论进行总结评述。其次，基于情境观理论，提出本书总体的理论框架和研究思路。

第四章为企业外部游戏化对用户参与的激励机制研究。主要通过案例研究方法探索在线品牌社区场景内企业外部游戏化激励用户参与的系统构成要素及要素间的协作影响关系等，旨在完整地呈现出企业外部游戏化激励用户参与的动态过程和机制。

第五章为企业内部游戏化对员工参与的激励机制研究。构建企业内部游戏化激励员工参与的概念模型，旨在探索企业内部游戏化对员工参与的激励效果、实现路径和情景因素，以验证企业游戏化对个体参与的激励机制在企业内部工作场景的适用性。

第六章为研究结论与未来展望。总结案例分析和计量检验的研究结论，最终基于情境视角揭示企业游戏化对个体（包括外部用户和内部员工）参与的激励效果、实现路径以及情景因素，阐明本书的研究贡献、实践启示、研究局限和未来研究方向。

陈园园

2023 年 10 月 16 日

目 录

第一章 绪论 ··· 1

 第一节 研究背景与研究问题 ·· 1
  一、研究背景 ·· 1
  二、研究问题 ·· 9
 第二节 研究意义与研究方法 ·· 11
  一、研究意义 ·· 11
  二、研究方法 ·· 12
 第三节 研究内容和研究框架 ·· 14
  一、研究内容 ·· 14
  二、研究框架 ·· 16
 第四节 可能的创新点 ··· 17

第二章 相关文献 ·· 18

 第一节 游戏化研究的兴起 ·· 18
 第二节 游戏化相关概念 ··· 20
  一、游戏化内涵 ·· 20
  二、游戏元素及分类 ·· 23
  三、游戏体验概念及维度划分 ·· 26

　　　　四、玩家/使用者类型划分 …………………………………… 27
　　　　五、游戏化主要应用场景 ……………………………………… 34
　第三节　企业游戏化的概念范畴界定 ………………………………… 36
　　　　一、企业外部游戏化应用模式 ………………………………… 36
　　　　二、企业内部游戏化应用模式 ………………………………… 38
　第四节　个体参与的概念范畴界定 …………………………………… 40
　　　　一、用户参与的概念内涵界定 ………………………………… 41
　　　　二、员工参与的概念内涵界定 ………………………………… 42
　第五节　国外企业游戏化应用相关研究 ……………………………… 42
　　　　一、企业外部游戏化应用相关研究 …………………………… 42
　　　　二、企业内部游戏化应用相关研究 …………………………… 45
　　　　三、企业游戏化应用效果的情景因素相关研究 ……………… 48
　第六节　国内企业游戏化应用相关研究 ……………………………… 50
　第七节　文献总结 ……………………………………………………… 54

第三章　相关理论 …………………………………………………… 56

　第一节　"游戏人"人性假设 ………………………………………… 56
　　　　一、赫伊津哈的"游戏人"假设 ……………………………… 56
　　　　二、游戏的属性特征与人性本质的契合 ……………………… 58
　第二节　情境观理论 …………………………………………………… 61
　　　　一、托马斯的情境思想 ………………………………………… 62
　　　　二、戈夫曼的情境思想 ………………………………………… 63
　　　　三、梅罗维茨的情境思想 ……………………………………… 65
　第三节　其他主要相关理论 …………………………………………… 66
　　　　一、心流理论 …………………………………………………… 66
　　　　二、自我决定理论 ……………………………………………… 67
　　　　三、目标设定理论 ……………………………………………… 69
　第四节　理论述评 ……………………………………………………… 70

第四章 企业外部游戏化对用户参与的激励机制研究 …………… 73

第一节 问题提出 ………………………………………………… 73
第二节 案例设计 ………………………………………………… 76
　　一、单案例研究方法 ………………………………………… 76
　　二、案例企业选择 …………………………………………… 76
　　三、案例企业概括 …………………………………………… 77
　　四、数据收集与处理 ………………………………………… 78
　　五、关键构念识别 …………………………………………… 78
第三节 案例分析 ………………………………………………… 82
　　一、游戏元素对游戏机制的影响作用 ……………………… 83
　　二、游戏机制对游戏体验的影响作用 ……………………… 84
　　三、游戏体验与参与行为的相互影响作用 ………………… 87
　　四、游戏体验和参与行为对参与结果的影响作用 ………… 89
　　五、参与行为对游戏元素的影响作用 ……………………… 90
　　六、假设命题总结 …………………………………………… 91
第四节 案例结论与讨论 ………………………………………… 92
　　一、企业外部游戏化对用户参与的动态激励过程 ………… 92
　　二、企业外部游戏化对用户参与的激励机制 ……………… 94

第五章 企业内部游戏化对员工参与的激励机制研究 …………… 97

第一节 问题提出 ………………………………………………… 97
第二节 模型构建 ………………………………………………… 100
　　一、研究变量 ………………………………………………… 100
　　二、研究假设 ………………………………………………… 107
第三节 研究设计 ………………………………………………… 114
　　一、问卷设计 ………………………………………………… 114
　　二、样本数据收集 …………………………………………… 116

三、基本统计分析 …………………………………………… 116
　第四节　回归分析 ……………………………………………… 124
　　　一、游戏元素对主动行为的主效应检验 …………………… 124
　　　二、工作场所精神性的中介效应检验 ……………………… 125
　　　三、游戏行为模式的调节效应检验 ………………………… 130
　　　四、假设检验结果汇总 ……………………………………… 133
　第五节　研究发现 ……………………………………………… 135
　　　一、企业内部游戏化激励员工主动行为的影响效果 ……… 135
　　　二、企业内部游戏化激励员工主动行为的中介传导机制 … 135
　　　三、企业内部游戏化激励员工主动行为的调节因素 ……… 136

第六章　研究结论与未来展望 …………………………………… 137

　第一节　研究结论与讨论 ……………………………………… 137
　　　一、企业游戏化激励个体参与的影响效果 ………………… 137
　　　二、企业游戏化激励个体参与的中介机制 ………………… 141
　　　三、企业游戏化激励个体参与的情景因素 ………………… 146
　第二节　研究贡献 ……………………………………………… 147
　第三节　管理建议 ……………………………………………… 149
　第四节　未来展望 ……………………………………………… 151

参考文献 ………………………………………………………… 154

附　录 …………………………………………………………… 188

后　记 …………………………………………………………… 194

第一章 绪论

第一节 研究背景与研究问题

一、研究背景

(一) 新技术革命引发企业激励环境的改变

新技术革命推动的数字化浪潮使信息、社区和意识等实现了数字化,改变了企业的经营环境,其他行业的企业和数字新贵随时可能跨界入侵并颠覆市场。例如,健康保健行业和消费电子行业的"联姻"催生了数字运动跟踪产品,传统出租车行业被滴滴等出行软件所排挤,银行业被阿里巴巴和腾讯等商业巨头所侵蚀。面对竞争领域的剧变,故步自封或被动应敌只会落得被边缘化甚至黯然出局的下场,企业必须积极寻求商业模式创新以竭力抵御和反击"入侵者"带来的挑战。数字化浪潮还改变了企业的管理环境,组织的工作任务变得更具分解性、扩散性和脱离性,组织结构更具渗透性、互连性、合作性和灵活性。例如,新技术孕育了能够为入驻的创客和自由职业者提供资源整合平台和全要素孵化平台的共享时代联合办公的众创空间(如优客工场等),能够为雇主和自由工作者提供自动化任务匹配的全球人力资源共享网络平台和众包平台等（如自由工作者之家、编程大师网以及猪八戒众包平台等）。这种完成任务的方式和资源的多样化，使工作设计方式由传统的岗位定位导向转变为任务定位导向，组织需要与外部资源如自由工作者、外包服务机构、人力资源平台、人工智能和用户等进行灵活合作，以实现价值创造最大化，组织进入价值管理时代。

新技术革命不仅改变了企业内外的激励环境，数字平台的开放式在线工作载体、社会协作系统和人机交互系统等技术的生命化转向和广泛应用也改变了企业的激励对象。新生代的员工逐渐成长为"强个体"，员工的主体性、价值性和独特性等属性都得到发展，逐渐进化成为具备独特价值的主体。随着员工追踪分析大数据、获取信息和整合资源等工作能力的提升，信息互联的日益对称以及价值网络的日益形成给员工提供了更多的价值创造模式和机会。这些都使员工拥有了更多的自主选择权，对组织的依赖和承诺得以降低。尤其是，第四次工业革命以其主导技术的智能化、泛在化、虚拟化等特性，能够从海量数据中挖掘信息的价值与关联并将其转化为新的知识资本，从而极大地解放了人的脑力并激发了人的创造力，也放大了个体的价值创造能力，个体可以通过互联网直接聚拢和整合资源、创立新品牌，甚至开辟新产业，成为独立的创新单元、市场单元和利润单元（李海舰和朱芳芳，2017）。

同时，在数字经济时代背景下，新生代员工还出现了以下四种主要特征：一是追求体验化，即员工更注重体验，而员工体验好坏则会直接影响到团队的稳定性和企业的产品、服务、环境等，最终影响用户的体验；二是参与度下降，信息来源方便、信息量庞杂、时间碎片化等原因导致员工很难完全投入并参与到工作任务中；三是注意力稀缺，员工的时间碎片化后，注意力很难被吸引，注意力因而成为稀缺资源；四是新人群结构，随着"90后"成为企业的主力，作为数字时代的原住民，他们对于新时代的认同感更强，而对工业时代的很多管理逻辑却难以接受，员工的定位也从被管理者逐渐进化成自管理者、自创业者和自组织者。员工价值创造能力的提升和工作理念的变化使企业对员工的激励策略不得不做出相应调整。

此外，企业用户的消费需求也逐渐从物质生理需求转向精神心理需求。

用户对产品多样化、个性化和差别化的需求不断增强，使市场需求存在极大不确定性。市场已经不再是企业间产品和服务质量的比拼，而是较量如何能为用户提供更适合的个性化产品和服务、打造更优质的个性化用户体验，而用户体验的好坏取决于企业的产品、服务、环境、价值主张等综合体验。可以说，市场的主导权已经由企业转移到用户手中，企业由价值提供者转变为了与用户进行价值共创（吴瑶等，2017），用户逐渐成为以前由员工履行的各种职能的积极贡献者。同时，数字技术逐渐渗透到生活中的方方面面，用户对企业的价值也不限于消费行为。随着企业生产模式向满足用户个性化和多样化需求的大规模定制方式转变，用户也被邀请进入了价值创造领域，成为企业新的激励对象。因此，企业需要通过多种手段吸引和激励用户多方面自愿、慷慨地投入参与，以更精准地满足用户需求，提升用户体验，将用户"私有化"，进而激发用户的全部价值。

总之，技术经济的发展推动企业的经营环境、管理环境、主体能力和行为、产品和服务的价值创造过程等不断重构，企业的激励环境、激励对象以及激励需求等要素都发生了巨大的变化，对企业激励策略和激励工具提出了新的要求。

（二）传统激励理论和激励工具面临的挑战

激励理论是企业管理理论的关键组成部分，早在20世纪初，管理学家、心理学家和社会学家们就各自基于组织行为学、心理学和社会学等研究从不同角度探讨了如何激励人的问题，并提出了相应的激励理论。按照研究侧重点的不同，管理激励理论可以划分和归纳为内容型、过程型、行为改造型和综合型四大类。内容型激励理论着重研究人的潜在心理需要，分析激励诱因与激励因素的具体内容，代表理论有马斯洛的需求层次理论、奥尔德弗的ERG理论、麦克利兰的成就需要理论、梅奥的"社会人"学说、赫兹伯格的双因素理论等。过程型激励理论重点研究员工如何选择其行为方式以满足自身需要，并判断其选择是否成功，代表性理论有弗鲁姆的期望效价理论、亚当斯的公平激励理论、洛克的目标设置理论等。行为改造型激励理论主要研究从人的行为动机产生到目标行为选择的心理过程，激励的目的是通过对员工的目标行为选择过程施加纠偏影响，使员工在能够满足自身需要的行为集中选择组织预期的行为，代表性理论主要有"挫折论""操作型条件反射论"和"归因论"等。综合型激励理论主要是将几类激励理论综合起来，把内外激励因素都考虑进去，系统地描述激励全过程，以期对人的行为做出更为全面的解释，克服单个激励理论的片面性，例如罗伯特·豪斯的激励力量理论、布朗的 VIE 理论和波特与劳勒建立的期望理论模型。由此可见，企业激励策略经历了从单一的金钱刺激到满足多种需要、由泛化的激励条件到明晰激励因素、由研究激励基础到探索激励过程的演化（高良谋，2015）。

但是，作为严酷工业文明的坚实拥趸者，传统的激励理论大厦建造于以还原论、机械论和决定论塑造的工业文明基石之上。这种工业文明以工具理性的强势逻辑塑造了组织，也将人从社会环境和自然环境中强制剥离出来，变成了孤零零的"原子人"和"螺丝人"。人的价值理想被隔绝在组织之外，组织成为丧失了感性和意义价值的"机器"的延伸和谋生性的生产场所（胡国栋和王天娇，2018）。为这种机械组织服务的传统激励理论自然也回避了人的主体性、价值性、独特性和精神性等属性（杨少杰，2014），引入公平、成长、期望和成就等社会性偏好也不过是一种对个体行为一致性和统一性控制的伪装。基于奖惩的控制式激励机制，其本质是消除懒惰等投机行为和不满意等负面情绪，这导致依托于传统激励理论的激励工具，其最佳激励效果也仅仅是期望员工获得高工作满意度，保质保量地完成任务，却无法真正地提高员工的主动性和创造性，驱动员工超额甚至创造性地完成工作任务。例如，企业通常采用的是以 KPI 为基准的考核体系，虽然量化了员工的工作效率和结果，以及员工的专业技能，但却难以区分员工是"拼尽全力的普通人"，还是"保留潜力的聪明人"，抑或只是"运气爆棚"而与能力无关。总之，这种控制式的激励机制使组织和员工之间的关系始终局限于雇佣和交换关系，即虽然用高绩效换取高奖酬，但却无法真正触及员工内心深处的认同感、意义感和创造性，情感耗竭、败德行为和工作场所意义缺失等问题自然尾随而至。这样的激励机制可以培养出高效、专业的"执行"员工，却不能确保他们实现从"知之"到"好之"，再到"乐之"的升华。

除传统激励理论本身的局限外，数字经济的发展、企业由封闭走向开放，以及员工追求体验化等激励环境和激励对象等因素的改变，使依托于传统激励理论的一些激励工具和策略变得有些不合时宜和鞭长莫及。例如，了解员工需求是内容型激励理论建议的核心激励手段，这些理论所发现的较高层次的员工需求主要包括社交、成长发展、自我实现、成就、自主性、工作本身的意义和挑战等。但是随着员工的属性进化和价值需求升级，员工出现了新的体验化需求，如新颖刺激性、主观幸福感、个性化的认可和工作家庭平衡等，这些新的体验化需求是以往激励理论未能囊括的。为员工设定目标是过程型激励理论提出的传统激励手段之一，按照目标设置理论的观点，组织应该为员工设定具体且具有挑战性的目标。但是随着员工显现出更高的自主性需求，那么，设置既能够为员工提供方向性指引和行为驱动力，又可以让员工根据自身能力自主选择和不断调整的目标体系显然成为一种必要。定期和持续的反馈是行为改造型激励理论贡献的重要激励手段之一，但是对于身处数字时代的员工而言，反馈的实时性、公开性和透明性更加重要。而现行的以KPI为基准的绩效考核体系不但没有达到实时性、公开性和透明性，甚至是一种延时反馈，是以结果为导向，在任务完成之后才会对过去的行为进行分析和奖励。传统工作设计激励策略包括工作简化、工作扩大化和工作丰富化，而现在的员工越来越追求去中心化的扁平型组织结构、具有人文关怀的工作环境、灵活自由的工作时间和充满趣味性的工作任务等。由此可见，现有的激励工具在面对新的激励环境时正在遭遇极大的挑战，尤其是针对已经成为国内职场主力军的"90后"新生代员工激励对象。

综上所述，传统激励理论本身的局限加上激励环境的改变，使传统激励工具逐渐暴露出一些缺陷，开始陷入困境。概括地讲，现有的激励工具在激励内容维度上缺乏满足性、多样性和个性化，在激励过程维度上缺乏透明化、数据化和可视化，在激励体验维度上缺乏参与感、即时感和游戏感。组织亟须认清新的激励环境，与时俱进，构建新的激励理论，寻找新的激励策略，开发新的激励工具。

（三）游戏化新兴激励工具的兴起

游戏化是从电子游戏中衍生而来的。在过去的15年里，随着互联网和电子媒体的蓬勃发展，游戏机销售纪录不断刷新并且诞生了大量多人在线游戏，电子游戏娱乐在商业上大获成功。从个体激励的角度来看，电子游戏对玩家实现了高水平的激励：在基本没有物质回报的情况下，玩家依然投入大量时间、精力乃至金钱，甚至在游戏过程中因高度投入而废寝忘食。电子游戏所取得的成就吸引了一些学者对其在数字时代的影响力进行研究。例如，积极心理学理论认为，自我是幸福的唯一来源，而游戏就是一种自我奖励、自我激励的活动，科学术语为"自我目的性"（self-purposeful），个体从事自我目的性活动，是因为它能提供即时而生动的情绪奖励让个体完全投入，这种投入是最愉悦、最有意义的情绪状态。

对与使用电子技术相关的游戏性（gameful）和享乐概念在商业应用层面[①]进行学术研究的第一波文献出现在信息系统学科领域（Webster 和 Martocchio，1992；Davis 等，1992）。传统上，信息系统[②]学科的特征是追求与生产力和效率相关的知识，并对其进行改进（Hirschheim 和 Klein，2012）。大量的知识源于这种理性的、追求实用的前提，即帮助开发和建设高效管理和运作的组织信息系统。然而，随着信息技术的图像和计算能力的发展，涌现了大量以满足娱乐需求为导向的非实用信息系统。这种系统偏离了信息系统学科的效用/理性核心特征，挑战了过去主导信息系统领域研究的实用主义前提（Heijden，2004）。

由此，信息系统领域产生了两种为满足不同需求而设计的信息系统类型：实用信息系统（utilitarian information systems）和享乐信息系统（hedonic information systems）（Heijden，2004）。实用信息系统通常被设计为服务于与生产力和效率相关的目的，寻求提高完成给定任务的效率，因此，其核心主要是为实用性目的服务。从动机的角度来看，实用信息系统的使用可以被视为外在动机驱动，即系统帮助用户实现一个与使用系统本身相分离的目标（Davis 等，1992）。通过更有效地实现外部目标，系统的有用性和效益也随之提高。相反，享乐信息系统的使用主要是娱乐驱动（Heijden，2004）。这些系统旨在创造享

[①] 而不是哲学层面，或社会、历史、文化意义层面的讨论。
[②] 信息系统（information system），是由计算机硬件、网络和通信设备、计算机软件、信息资源、信息用户和规章制度组成的以处理信息流为目的的人机一体化系统。

受体验,并用于娱乐目的,以及使用系统本身,因此,享乐信息系统的使用被认为是内在动机驱动。享乐信息系统的例子包括以娱乐为导向的网站和服务、博客和社交网站,而电子游戏正是享乐信息系统的巅峰形式。

一直以来,信息系统研究文献中的实用和享乐脉络之间都存在脱节,直到娱乐导向的技术重新被用于生产性用途,实用信息系统和享乐信息系统开始出现了螺旋式的融合趋势,享乐信息系统正在逐渐融入实用信息系统中。越来越多的信息系统被设计成满足更多不同的用户动机和取向,同时服务于实用需求和享乐需求,即混合信息系统(Gerow 等,2013)。而游戏化正是一种混合信息系统:从享乐信息系统的巅峰形式——电子游戏中吸取经验,将游戏活动的娱乐导向和自我目的性融入通常更具生产导向和实用导向的场景[①]。

游戏化是一种在非游戏场景内通过提供激励性供给来增强服务的系统设计,能够唤起游戏体验和进一步的行为结果(Huotari 和 Hamari,2012;Hamari 等,2014)。游戏化系统主要包括四个要素(Hamari 等,2014):①系统或服务提供的供给;②导致的心理结果;③游戏体验进一步导致的行为结果;④所有这些要素和支持的活动所处的特定的场景。供给是指构建游戏化的各种元素和机制,有助于在系统内诱导游戏体验。心理结果是指如自主和关系等心理需要,或享乐和沉浸等心理体验。场景和行为结果分别指游戏化系统应用的领域和环境,以及旨在支持和激励的活动和行为,如在运动场景下增加体育活动,或在教育场景下提高学习效率。

不同于实用信息系统和享乐信息系统,游戏化信息系统主要由有用性驱动,但有用性由使用的享受决定。同时,游戏化信息系统又是实用性和享乐性信息系统的有趣结合,即系统使用的目标与生产力有关,但促进生产力的手段和设计本质上是享乐的。系统的核心是吸引和支持使用者进行给定的活动或行为。这意味着系统应该提高目标行为的效率和生产率,系统的有用性也取决于此。然而在许多常见的游戏化应用场景中,如学习或健康活动领域,都需要长期的承诺和坚持才能实现目标结果。因此,系统还同时具有旨在提

[①] 游戏化属于一种信息系统,因此,后文中对"游戏化""游戏化系统""游戏化信息系统"不做严格区分。

供愉快使用体验的享乐设计的特点,当系统的使用过程令人愉快时,使用者更可能产生长期的承诺和坚持(Mäntymäki 和 Salo,2013,2015)。

游戏化是一种能够有效应对激励和挑战的新型激励工具。游戏化的主要目的是在没有完整游戏环境的情况下,通过游戏性和趣味性设计吸引和激励使用者[①]互动和投入,并最终采取对个人或集体有益的参与行为(Hamari 等,2014;Hamari 和 Koivisto,2015)。因此,Deterding 等(2011)提出,游戏化的终极目标是激励,游戏化系统内的每个游戏元素都扮演着激励者的角色。游戏化继承了电子游戏对大脑的激励方式,如量化指标、分解目标并持续奖励、只奖励努力不惩罚失败、即时反馈、奖励概率、选择合适的时机和满足表现欲等(Chatfield,2010)。电子游戏可以让玩家们的认知努力、情感能量和集体关注慷慨地从现实世界转投到游戏世界,并建立起一座庞大的虚拟仓库,而游戏化可以将这座蕴藏巨大能量的虚拟仓库搬到任何需要的应用场景。

游戏化还是一种变革性的激励策略和数字化的激励工具,表现在以下三个方面:一是在激励过程方面,游戏化能够设置更宏大的目标(McGonigal,2011),进行目标分解和指标量化,并提供实时、透明的反馈;二是在激励内容方面,游戏化能够满足个体对刺激性、表现欲、参与感和成长感等精神性和体验性方面的需求;三是在激励形式方面,游戏化能够通过情绪奖励、个性化奖励和概率性奖励等多样化的方式进行激励。总体而言,游戏化激励工具能够以个性化虚拟角色激发个体实现理想的自我;用激动人心的故事背景提升任务意义和趣味性;引入即时反馈机制持续强化个体行为,增强效能感;用透明的游戏声誉系统深化内在激励;以公平的游戏竞技规则引导个体实现企业目标。游戏化借助游戏元素对激励内容、激励过程和激励形式等方面进行改造,在明确的游戏规则下,提供动机供给,设定清晰、有挑战性的目标,给予实时、透明的反馈,增设趣味性和概率性等奖励,最终增强个体的积极体验,并塑造新的行为模式。在互联网时代,游戏化激励工具在商业

---

① 通常,游戏领域的学者将游戏的参与者称为玩家,游戏化领域的学者将游戏化应用系统的参与者称为"user",译作使用者或用户,为了避免与本书的研究对象之一——企业外部用户相混淆,本书一律采用"使用者"一词,同时,使用者包括个体和群体,本书主要关注个体使用者。

领域的应用，有助于提供一个独特的、动态的、可扩展的机会，既可以重塑企业人力资源管理战略，又可以创造可持续参与式经济、伟大的人人时代、认知盈余的红利和超级合作者等。

二、研究问题

大众汽车企业曾在2009年进行了一系列与用户参与相关的有趣实验并最终提出趣味理论，认为只要让事情变得有趣，人们就会很乐意参与其中。自2009年以来，大众汽车发布了一系列展示社会实验的视频，以证明他们提出的"乐趣理论"。它相信通过让事情变得有趣，人们的行为会变得更好，它创造了多个实验来展示这一点。这些措施包括鼓励人们走上楼梯，让它在人们走上楼梯时弹钢琴；把一个存酒瓶的银行变成一个有分数的街机游戏；当垃圾被扔进垃圾桶时，让垃圾桶发出长长的坠落声，然后发出碰撞声。这些实验都是成功的：楼梯被66%的人使用，瓶组被近100人使用，而附近只有2人使用未经改造的瓶组，垃圾桶收集的垃圾几乎是普通垃圾桶的两倍。这与游戏化背后的逻辑相同，即通过让事情变得有趣，人们更有可能变得参与投入。根据Zichermann和Linder（2013）的说法，游戏化解决了即使是最好的企业战略书籍中都无法回答的核心问题之一：如何吸引、激励员工和用户的参与，毕竟"如果没有员工和用户参与，再好的战略也注定会失败"。

Rodrigues等（2019）在对游戏化相关的主要概念和主题进行系统性综述研究的基础上指出，游戏化是将游戏元素如积分、排行榜和徽章等整合到非游戏环境中，以提高用户和员工的参与度。因此，游戏化系统应用在企业管理领域时，主要激励对象包括两类个体——外部用户和内部员工，主要激励目的是促进这两类个体的积极参与。因此，游戏化在企业管理中呈现出两种不同的应用模式（Werbach和Hunter，2012）：

第一种应用模式主要面向企业外部的用户，称为企业外部游戏化，常常应用于企业在线社区的各类营销活动中，主要目的在于吸引和维持用户的关注和参与，并最终实现对企业的产品服务与品牌保持忠诚，对完善企业发展和产品服务出谋划策等营销性目标。随着企业的生产模式逐渐向满足用户个性化和多样化需求的大规模定制方式转变，用户也被邀请进入了价值创造领域，需要企业进行专项的管理激励，以吸引用户尤其是年轻的在线用户自愿、慷慨地进行有价值的参与。面对"触屏一代"的年轻用户群体激励对象，倚仗着电子游戏巨大商业价值的光环，得以在众多新型激励工具中脱颖而出的游戏化，受到了企业的青睐。例如，三星为了增加其网上商城的访问量设计了专属的游戏化方案，吸引用户浏览网站、观看视频和撰写评论，如果满足一定条件还可获得勋章奖励，仅此一项小小的改变就为三星带来了500%的浏览量增长。此外，星巴克的MyStarbucksIdea社区、乐高的IDEAS社区，以及小米和华为的品牌社区等也都采用了游戏化系统。利用游戏化激励用户积极参与互动并产出优质内容，已经成为企业实现在线开放式创新的重要营销策略之一。

第二种应用模式主要面向企业内部的员工，称为企业内部游戏化，重点是将一些游戏设计思维和游戏元素借鉴应用到企业的职位体系设计、任务设计、培训学习、绩效考核、薪酬激励和职业生涯管理等员工管理体系中，核心的使命在于提升员工参与工作任务的积极性，从而取得更好的工作绩效。适逢职场迎来"玩家一代"，遭遇人机关系和雇佣关系变革的组织开始机智地向游戏取经，游戏化的进驻也确实对组织的管理模式和员工的工作方式引发了一系列创新性变革。罗辑思维的"节操币"模式和步科企业的"部落生存"模式等都已经因为游戏化设计而取得瞩目成果。问韬公司还遵循"将游戏化融入工作"的产品设计理念研发了"微认可（VRec）"平台，专门为企业提供游戏机制设计集成方案。微软为了更好地寻找Windows系统不同语言版本翻译中的问题，设置了一个企业内部游戏机制，动员全球不同办公室不同职能的员工参与到"找茬"当中，最终900多个员工共完成了2.6万项任务，并额外找到了170多个语言翻译方面的错误。简言之，游戏化有助于打造一个能够吸引员工参与的独特、动态和有趣的工作场景，让协作的机制从强迫变成自由，让工作的动机从自利变成游戏。

由此可见，游戏化已经逐渐受到企业的青睐用以激励外部用户和内部员工的积极参与，正在成为能够创造性地帮助个体和企业发展、创新的新型激励工具。本书将重点探索企业游戏化对个体参与，包括外部游戏化对用户参与和内部游戏化对员工参与的激励机制。主要包括以下三个子问题：

（1）企业游戏化对个体参与的激励效果如何？

（2）企业游戏化激励个体参与的中介传导机制是什么？

（3）影响企业游戏化对个体参与激励效率的情景因素是什么？

第二节 研究意义与研究方法

一、研究意义

（一）理论意义

第一，引入社会学领域的情境观理论解释游戏化的激励机制，既可以丰富游戏化的基础性理论研究，又可以为社会学领域的情境观理论与管理学领域的企业激励理论搭建跨学科交流的平台，最终为企业激励理论与激励工具设计提供新的拓展方向和思路。随着对游戏化这一新兴主题研究的激增，学者们越来越强调游戏化基础理论研究的重要性，鼓励各学科领域的研究者都能参与讨论，从多学科的理论视角对游戏化的激励现象进行解释。本书通过引入员工主动行为和工作场所精神性等组织领域的构念，能够为游戏化理论与激励理论和后现代管理理论等经典组织理论搭建深入对话的桥梁，有助于实现游戏化应用研究的构念具象化和场景化。尤其是采用后现代管理视域下的工作场所精神性作为解释企业内部游戏化激励员工参与的中介机制，能够为诠释游戏化的激励本质和机制提供全新的视域。

第二，对企业外部和内部游戏化应用场景的研究，能够丰富游戏化应用场景的研究成果。游戏化应用研究通过"游戏元素+"不同场景、目标任务和使用者可以形成广泛的格局。目前对企业游戏化尤其是内部游戏化应用的研究尤其是实证研究明显不足，而且已有文献大多是从游戏化的管理职能方向进行研究，而非从激励本质的角度直接切入。本书分别使用案例研究方法和计量研究方法探讨企业游戏化对外部用户和内部员工参与的激励机制问题，既有助于完善企业游戏化应用研究的分析框架，推进企业管理领域游戏化应用研究的学科化发展，又能为游戏化系统在企业的应用价值提供理论依据和数据支持。同时，本书还在企业外部和内部场景内分别对用户参与和员工参与的激励效果、中介机制和调节机制进行了对比性分析讨论，以期能够为游戏化系统在不同应用场景内的对比性研究提供启发。

（二）实践意义

第一，有助于增加国内企业界和学术界对游戏化相关知识的系统化了解。虽然国际上已经出现了三大知名游戏化解决方案提供商——Bunchball、Badgeville and Big Door，但是目前企业游戏化依旧面临很多批判和偏见的声音，尤其国内许多企业还是仅将游戏化的激励手段简单理解为积分制管理，认为它只是用于玩乐和增加趣味性的非正式工具。本书对游戏化内涵及相关研究的文献回顾、在线品牌社区场景内企业外部游戏化应用的案例分析，以及工作场景内企业内部游戏化应用的实证检验，有助于国内企业界和学术界正视游戏化在企业管理激励领域内的影响机制和应用价值，并为企业如何科学地应用游戏化这一新型激励工具提供实践依据和理论指导。

第二，对于指导企业如何利用游戏化提升用户和员工参与具有现实指引意义。随着新生代员工的工作理念、价值创造能力的提升和价值创造模式的改变等，其对组织的承诺和依赖性逐渐降低。同时，外部用户的影响力扩大，追求极致体验，拥有个性化和多样化的需求，如产品需求、服务需求、审美需求、地位需求和参与需求等。在激励对象都发生改变的背景下，研究企业游戏化对用户和员工参与的激励机制和激励效果，有助于启发企业如何利用游戏化提升用户和员工体验。同时，随着价值共创商业模式成为主流趋势，研究企业如何激励外部用户和内部员工参与，也有助于企业构建利益共同体，最大化地实现企业与员工、用户的价值共创。

二、研究方法

在整个研究过程中，本书将综合采用文献搜查、归纳演绎和逻辑推理等

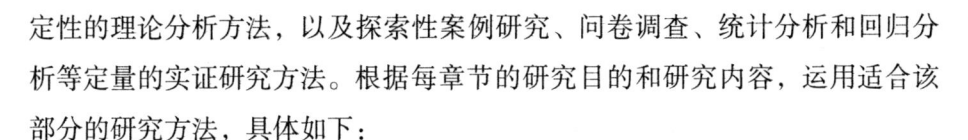

定性的理论分析方法，以及探索性案例研究、问卷调查、统计分析和回归分析等定量的实证研究方法。根据每章节的研究目的和研究内容，运用适合该部分的研究方法，具体如下：

(一) 文献探讨与理论分析

主要通过一手资料收集、文献资料调研以及对资料内容进行归纳和演绎的方法分析研究背景及问题，并进行相关理论及文献的归纳、梳理和总结，旨在对研究问题进行全面、深入把握。本书主要以"游戏化"，包括"gamification""gamifying""gamify""gamified"和"gamifies"等关键词为对象，在中英文学术文献数据库进行检索，收集了大量相关研究成果，并从中重点筛选出有关商业领域的文献。在归纳与整理的基础上，根据研究问题和逻辑关系，对现有研究成果进行分类、分析与总结，从而逐渐厘清本书的研究脉络与轮廓。通过对已有文献研究成果的剖析，明确了企业管理领域游戏化应用现有相关研究的空白，进而试图对企业游戏化激励个体参与的研究框架进行补充和完善。

(二) 探索性案例研究

本书将通过案例研究方法进行探索性研究，原因在于：企业外部游戏化激励研究属于新兴领域，采用案例研究有助于探索"过程"和"机制"方面的问题，有助于挖掘现象背后的理论逻辑，能够有效呈现研究对象的整体性和动态性。案例研究是一种在自然情景下直接观察社会现象及其复杂结构的社会研究方法，本质上是一种归纳式的逻辑思维方式，与计量研究的演绎逻辑互为补充，同时，案例研究方法具有建构和发展理论的优势。基于典型案例企业的实地调研和数据编码过程，归纳相关构念的特征及其内在逻辑，从而进行理论框架的构建，为进一步地假设关系发展和实证检验提供分析基础。

(三) 问卷调研法

在构念和测量题项的构成和具体条目确定的基础上，遵循严谨、科学的流程与方法设计本书的研究问卷，针对自变量、因变量、中介变量、调节变量和控制变量，开展正式问卷调查，对研究变量相关的一手数据进行收集和筛选。

(四) 计量研究

首先,对研究变量间的影响关系进行理论逻辑推理;其次,在提出概念模型中各因素间关系假设的基础上,应用 SPSS 25.0 和 Mplus7.0 统计分析软件,对样本数据进行基本的人口统计状况分析、量表的信度和效度分析、描述性统计和相关性分析,以及同源方法偏差检验等;最后,通过多元回归分析和简单斜率分析等方法依次对关系假设模型的主效应、中介效应和调节效应进行验证。综上所述,本书的技术路线如图 1-1 所示。

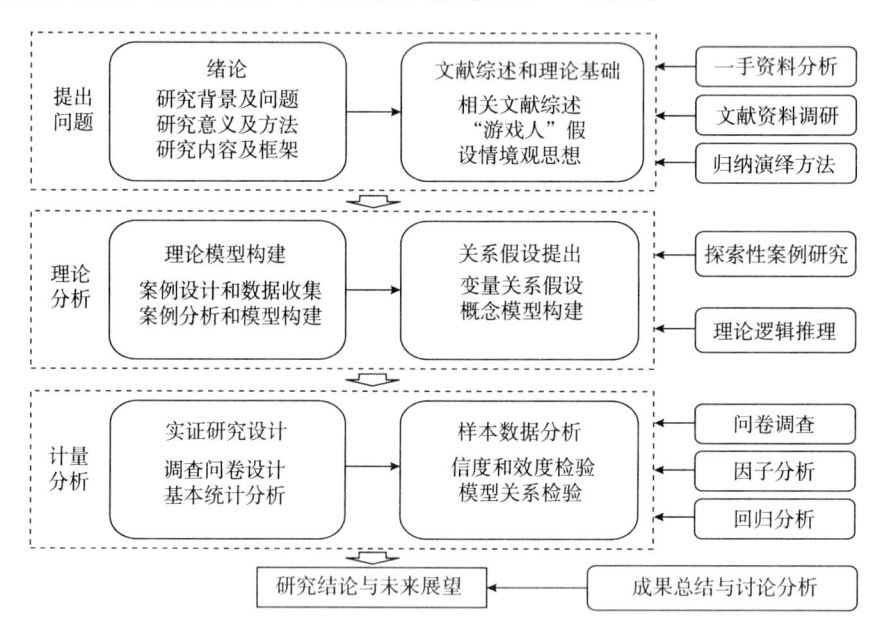

图 1-1 本书的技术路线

第三节 研究内容和研究框架

一、研究内容

具体研究内容安排如下:

第一章为绪论。首先,介绍技术革命引发的企业激励环境的变化、传统激励理论和激励工具面临的困境以及游戏化这一新型激励工具的兴起等研究背景;其次,在此基础上提出"企业游戏化如何激励外部用户和内部员工参与"这一研究问题;最后,阐明研究的理论和实践意义,并对研究方法和内容结构进行慎重选择和周详安排。

第二章为相关文献。首先,对游戏化的定义、游戏元素、游戏体验、使用者类型及应用场景等游戏化相关概念进行了介绍;其次,对企业游戏化和个体参与的概念范畴进行了界定;最后,对企业外部和内部游戏化应用的国内外相关研究进行了文献回顾。在对这些文献进行归纳、梳理和总结的基础上,明晰现有文献的研究成果和不足之处,并对研究问题进行更全面、深入的把握。

第三章为相关理论。主要对本书涉及的"游戏人"人性假设和基础理论进行介绍,包括主理论——以托马斯、戈夫曼和梅罗维茨为代表的情境观思想,以及辅理论——常用于解释游戏化激励效应的心理学相关理论如心流理论和自我决定理论,并对这些理论进行总结评述。最后,基于情境观理论,提出本书总体的理论框架和研究思路。

第四章为企业外部游戏化对用户参与的激励机制研究。主要通过案例研究方法探索在线品牌社区场景内企业外部游戏化激励用户参与的系统构成要素及要素间的协作影响关系等,旨在完整地呈现出企业外部游戏化激励用户参与的动态过程和机制。

第五章为企业内部游戏化对员工参与的激励机制研究。遵循第四章案例研究揭示的"外部游戏化对用户参与的激励机制",从中挖掘出企业游戏化对个体参与的激励机制,并据此构建企业内部游戏化激励员工参与的概念模型,旨在探索企业内部游戏化对员工参与的激励效果、实现路径和情景因素,以验证企业游戏化对个体参与的激励机制在企业内部工作场景的适用性。自变量选取成就类、社交类和沉浸类三类游戏元素,结果变量选取组织行为学领域的重要构念——员工主动行为充当员工参与的替代变量,中介变量选取后现代管理理论的重要构念——工作场所精神性,调节变量选取员工游戏行为模式。通过对样本数据的基本统计分析、因子分析等把握数据质量以及量表的信度和效度，并应用 SPSS 和 Mplus 统计分析软件，检验不同游戏元素对员工主动行为的激励效果，工作场所精神性对两者关系的中介传导作用，以及员工游戏行为模式对游戏化激励效果的调节作用。

第六章为研究结论与未来展望。总结案例分析和计量检验的研究结论，最终基于情境视角揭示企业游戏化对个体（包括外部用户和内部员工）参与的激励效果、实现路径以及情景因素，阐明本书的研究贡献、实践启示、研究局限和未来研究方向。

二、研究框架

经过对上述内容结构的整理，形成本书的研究框架，如图 1-2 所示。

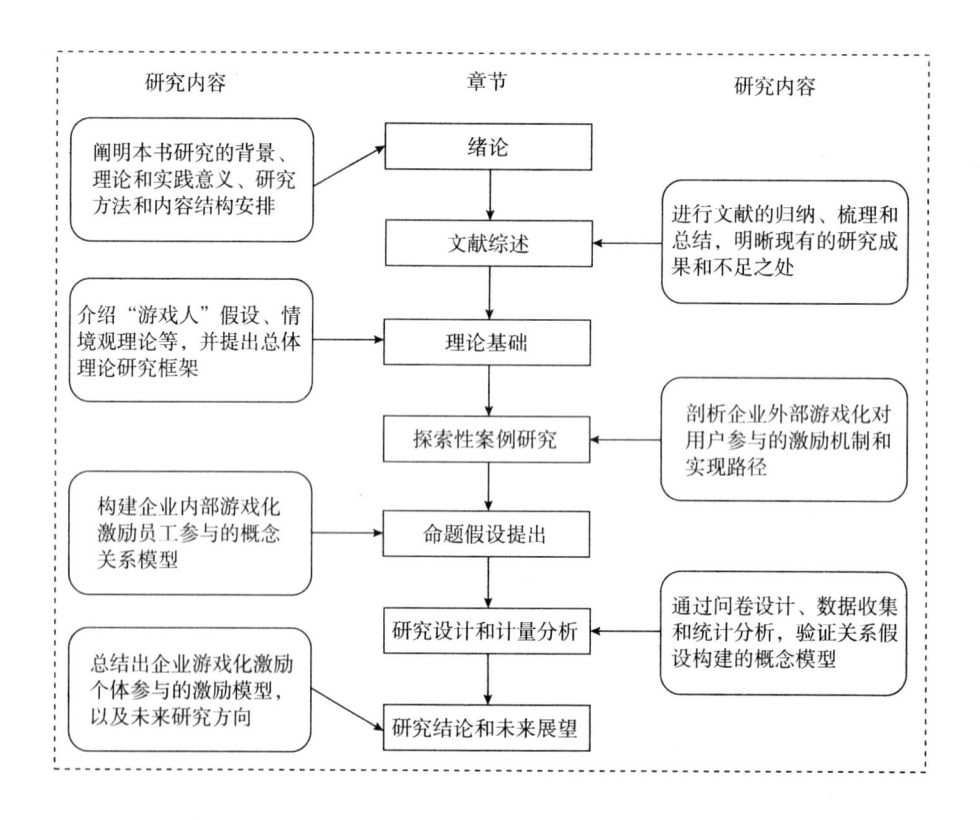

图 1-2 研究框架

第四节 可能的创新点

第一，总结赫伊津哈的观点，并从游戏属性与人性本质的关系角度，对"游戏人"人性假设进行了详细论述，相应地提出了企业游戏化激励模式。管理中人性假设是一切管理思想和管理行为的基础，尤其是企业激励管理模式的逻辑起点。例如，基于"经济人"假设，产生了物质需要激励等模式；基于"社会人"假设，产生了归属和集体奖励激励等模式；基于"自我实现人"假设，产生了授权、学习进修激励和精神需要激励等模式；基于"复杂人"假设，产生了权变激励模式；基于"文化人"假设，产生了企业文化管理模式。本书则基于"游戏人"假设，提出了游戏化激励模式，试图为传统企业激励理论注入新鲜血液，为企业激励工具设计提供新的思路。

第二，基于情境视角提出了游戏化激励个体参与的情境建构与解构机制。多学科的理论如前景理论、最佳刺激理论、自我决定理论、心流理论和目标设定理论等都被不同研究领域的学者们用以解释游戏化在各种应用场景的激励机制（Liu等，2016）。而在管理激励领域，认知观和行为主义理论最常被用于架构员工行为的整体模型。本书创新性地从社会学领域的情境视角解释企业游戏化对用户和员工参与行为的激励机制，既补充了游戏化激励个体参与行为的解释路径，也拓展了研究企业激励现象的理论视角。

第二章 相关文献

第一节 游戏化研究的兴起

对与使用电子技术相关的游戏性（gameful）和享乐概念在商业应用层面进行学术研究的第一波文献出现在信息系统学科领域（Webster 和 Martocchio，1992；Davis 等，1992）。传统上，信息系统学科的特征是追求与生产力和效率相关的知识，并对其进行改进（Hirschheim 和 Klein，2012）。大量的知识源于这种理性的、追求实用的前提，即帮助开发和建设高效管理和运作的组织信息系统。然而，随着信息技术的图像和计算能力的发展，涌现了大量以满足娱乐导向需求的非实用信息系统。这种系统偏离了信息系统学科的效用/理性核心特征，挑战了过去主导信息系统领域研究的实用主义前提（Heijden，2004）。

由此，信息系统领域产生了两种为满足不同需求而设计的信息系统类型：实用信息系统和享乐信息系统（Heijden，2004）。实用信息系统通常被设计为服务于与生产力和效率相关的目的，寻求提高完成给定任务的效率，因此，其核心主要是为实用性目的服务。从动机的角度来看，实用信息系统的使用可以被视为外在动机驱动，即系统帮助用户实现一个与使用系统本身相分离的目标（Davis 等，1992）。通过更有效地实现外部目标，系统的有用性和效益也随之提高。相反，享乐信息系统的使用主要是娱乐驱动（Heijden，2004）。这些系统旨在创造享受体验，并用于娱乐目的，以及使用系统本身，因此，享乐信息系统的使用被认为是内在动机驱动。享乐信息系统的例子包括以娱乐为导向的网站和服务、博客和社交网站，而电子游戏正是享乐信息系统的巅峰形式。

一直以来，信息系统研究文献中的实用信息系统和享乐信息系统脉络之间都存在脱节，直到娱乐导向的技术重新被用于生产性用途，两者开始出现了螺旋式的融合趋势。越来越多的信息系统被设计成满足更多不同的用户动机和取向，同时服务于实用需求和享乐需求，即混合信息系统（Gerow 等，2013）。而游戏化正是一种混合信息系统：从享乐信息系统的巅峰形式——电子游戏中吸取经验，将游戏活动的娱乐导向和自我目的性融入到通常更具生产导向和实用导向的场景。

不同于实用信息系统和享乐信息系统，游戏化信息系统主要由有用性驱动，但有用性由使用的享受决定。同时，游戏化信息系统又是实用性和享乐性信息系统的有趣结合，即系统使用的目标与生产力有关，但促进生产力的手段和设计本质上是享乐的。系统的核心是吸引和支持使用者进行给定的活动或行为。这意味着系统应该提高目标行为的效率和生产率，系统的有用性也取决于此。在许多常见的游戏化应用场景中，如学习或健康活动领域，都需要长期的承诺和坚持才能实现目标结果。因此，系统还同时具有旨在提供愉快使用体验的享乐设计的特点，当系统的使用过程令人愉快时，使用者更可能产生长期的承诺和坚持（Mäntymäki 和 Salo，2013，2015）。具体的信息系统分类如表 2-1 所示。

表 2-1 信息系统分类

信息系统类型	设计目的	动因	例子
实用信息系统	服务于与生产力和效率相关的目的	由外因驱动	WPS、百度搜索

续表

信息系统类型	设计目的	动因	例子
享乐信息系统	旨在创造享受体验，并用于娱乐目的	由内因驱动	王者荣耀、QQ音乐
混合信息系统	将娱乐导向和自我目的性融入到通常更具生产导向和实用导向的场景	内因和外因同时驱动	游戏化、元宇宙

第二节 游戏化相关概念

一、游戏化内涵

大众在线常态化使电子游戏得到迅速发展并连带将游戏思维和游戏元素等游戏属性推广到了非游戏场景中，由此衍生出了"游戏化"这一概念，相关文献研究于 2010 年左右开始涌现。学术界对游戏化的定义主要遵循两种思路：

（1）强调基于游戏属性的系统设计。例如，Bunchball（2010）提出，游戏化是将（电子）游戏的动力和机制融入网站、服务、社区、内容或活动的过程。Deterding 等（2011）提出，游戏化是在非游戏场景中使用游戏设计元素。Mekler 等（2013）将游戏化定位为在非游戏场景中使用如点数、排行榜和徽章等游戏设计元素以促进使用者参与。Sousa 等（2014）认为，游戏化是在非游戏场景中使用基于游戏元素的力学、美学和游戏思维等，旨在吸引人们、激励行动、增强学习和解决问题。Zuckerman 和 Gal-Oz（2014）认为，游戏化是将游戏设计元素应用于说服系统，鼓励使用者亲身参与活动的过程。Penenberg（2015）将游戏化定义为运用游戏元素影响非游戏行为的成瘾性系统，由一套完整的制度、机制和规则构成，能够确保激励机制良好运行。

（2）强调游戏化带给使用者的体验。例如，Fitz-Walter 等（2011）将游戏化定义为向应用程序添加游戏元素以激励个体使用并增强体验。Zichermann 和 Linder（2013）认为，游戏化是在商业中融入游戏及其策略的过程，通过游戏化可以创造能够提供内在意义、提高使用者积极性的体验。Hamari 等（2014）将游戏化定义为通过动机供给来增强服务以唤起使用者的游戏体验和进一步行为结果的过程。Robson 等（2014）提出，游戏化是指将（电子）游戏领域的经验用于非游戏场景，使传统的组织过程变得富有乐趣，并带给使用者游戏体验。Huotari 和 Hamari（2017）认为，游戏化是指通过提供游戏体验来增强服务的过程，目的是支持使用者的价值创造。

从定义"游戏化"的两种思路（见表2-2）可以看出，游戏化的定义中包含三个核心主旨：游戏化的系统设计、应用场景和目标。综合这两种思路和三个核心主旨，本书认为游戏化是将游戏元素融入非游戏应用场景，目的是通过带给使用者类似游戏般体验来引导使用者的态度、认知和进一步行为决策的一种系统设计。

表2-2 定义"游戏化"的两种思路

作者（年份）	定义	侧重
Bunchball（2010）	游戏化是指将游戏的动力和机制融入网站、服务、社区、内容或活动的过程	系统设计
Deterding 等（2011）	游戏化是在非游戏场景中使用游戏设计元素	
Mekler 等（2013）	游戏化是在非游戏场景中使用游戏设计元素（如点数、排行榜和徽章），以促进使用者参与	
Sousa 等（2014）	游戏化是在非游戏场景中使用基于游戏的元素等力学、美学和游戏思维等，旨在吸引人们、激励行动、增强学习和解决问题	
Zuckerman 和 Gal-Oz（2014）	游戏化是将游戏设计元素应用于说服系统，鼓励使用者亲身参与活动	
Penenberg（2015）	游戏化是运用游戏元素来影响非游戏行为的成瘾性系统，由一套完整的制度、机制和规则构成，能够确保激励机制良好运行。	

续表

作者（年份）	定义	侧重
Fitz-Walter 等（2011）	游戏化是向应用程序添加游戏元素以激励个体使用并增强体验	使用者体验
Zichermann 和 Linder（2013）	游戏化是在商业中融入游戏及其策略的过程，通过游戏化可以创造能够提供内在意义、提高使用者积极性的体验	
Hamari 等（2014）	游戏化是通过激励性的供给来增强服务的过程，以唤起游戏体验和进一步的行为结果	
Robson 等（2014）	游戏化是指将（电子）游戏领域的经验用于非游戏场景，使传统的组织过程变得富有乐趣，并带给使用者游戏体验	
Huotari 和 Hamari（2017）	游戏化是指通过提供游戏体验来增强服务的过程，目的是支持使用者的价值创造	

资料来源：根据宁昌会和奚楠楠（2017）的文献整理。

严格来讲，并非一切与游戏有关的做法都叫作游戏化，使用者体验和系统设计是游戏化的两大关键构成，缺一不可。因此，一方面，游戏化致力于让使用者从行动参与中获得乐趣（fun）[①]。乐趣是游戏化能够提供的最关键体验，但倘若只追求乐趣，就会变成即兴和随心所欲地玩乐（playfulness）。另一方面，游戏化强调复杂的游戏竞争性（gamefulness）和游戏规则设计（Deterding 等，2011），但如果只强调系统设计，就会成为完全的游戏世界，变成严肃游戏（serious game）。为同时兼顾乐趣和竞争两个属性特征，游戏化必须灵活运用游戏元素。

由于游戏化具有吸引使用者参加特定任务并表现出预期行为的使命，因此，游戏化系统必须包含规则、互动、竞争和进展等类似的复杂游戏元素，但也不必创造一个涵盖全部游戏元素的完整游戏世界（Kapp，2012），而更像是在装满各类游戏元素的工具箱中挑选最适合当下场景的元素工具。例如，

---

① 游戏化研究领域谈论的乐趣，不是暂时的享乐，而是深度乐趣，是人们通过与设计精良的游戏进行广泛互动而体会到的愉快感（Werbach 和 Hunter，2012）。乐趣是区别游戏化与严肃游戏、套皮式游戏化（即简单套用游戏元素、公式化的游戏化）的关键，是设计游戏化系统时的核心要素。而乐趣之所以是核心，是因为体验乐趣的人是游戏化系统的关键。

几乎所有的电子游戏都包含故事或叙事元素，按照 Khuffash（2014）的统计，这一元素只被 7%的游戏化系统所采用。当然，只是简单地应用一些基本游戏元素并不能称为游戏化，如那些在非游戏场景中采用游戏图片、角色和文学作品等游戏艺术作品的用户界面设计，尽管能够吸引个体的注意力或增加参与度，但也只能称为基于游戏灵感的设计（game-inspired design）。为帮助对游戏化属性更清晰地了解，本书对游戏化与玩乐、严肃游戏和基于游戏灵感的设计等相似概念进行了对比，如表 2-3 所示。

表 2-3 游戏化与其他相似概念对比

概念	乐趣	游戏规则设计（竞争性）	游戏元素	完全的游戏环境
游戏化	√	√	√	×
玩乐	√	×	√	√
严肃游戏	×	√	√	√
基于游戏灵感的设计	√	×	×	×

资料来源：根据 Darejeh 和 Salim（2016）的文献整理。

二、游戏元素及分类

游戏元素是游戏化系统的基本构成，是游戏化系统和使用者之间的界面，它使游戏化活动更令人兴奋、有趣和吸引人，多层次或多维度的游戏元素所提供的乐趣使游戏化能够在非游戏场景实现。游戏元素是游戏化用以激励的工具，从这个意义上来说，游戏化也可以称为游戏元素激励工具包。

游戏元素种类丰富繁多，功能也不尽相同。Tang 和 Zhang（2019）将 149 种游戏元素的功能归纳为四类：指示表现状态；让用户更深入地了解游戏的本质和意义；显示社交的意义和影响；提高表现质量，但不具有功能性，因此不是必不可少的（如音乐、动画等）。在诸多游戏元素中，主要有以下六个关键游戏元素（Kankanhali 等，2012）：①积分（point），使用者在参与和完成任务后会获得各种类型的积分；②虚拟徽章（virtual badge），使用者在完成特定的任务时可以收集徽章，这些徽章可以直观地显示使用者的成就；③排行榜（leaderboard），排行榜让使用者能够将自己的表现与他人进行比较，并刺激竞争。积分、徽章和排行榜被统称为PBL，是游戏化最基本的游戏元素；④级别和地位（level and status），级别通常显示游戏的进展情况，级别可以由数值或使用者的地位如"新手"或"专家"表示；⑤任务和挑战（quests and challenges），任务和挑战指导使用者执行预先设置的任务，帮助缺乏经验的使用者学习如何升级；⑥进展（progression），它是可以显示使用者进度和实现目标剩余工作量的一种可视化工具，它激励使用者完成预先确定的目标。

关于游戏元素的应用情况，按照Dey和Eden（2016）对发表在顶级期刊上游戏化相关研究文献的梳理，被应用最广泛的游戏元素是积分，其余依次是排行榜、虚拟徽章、进展、级别和地位、挑战和任务。Hamari等（2014）在对大量文献分析的基础上，提取出十个文献中最常见的游戏元素，除积分、徽章和排行榜外，还包括等级、故事、明确的目标、反馈、奖励、进展和挑战。所有的游戏元素组合都致力于吸引使用者参与游戏任务并获得游戏体验，且每个游戏元素都具有三种用途：呈现进展、提供奖励和传达认可，不同的游戏元素三种用途的强度不同（Mahadar，2014）。

学术领域目前对游戏元素的分类方法尚不统一，甚至比较混乱，本书将其归纳概括为结构框架角度和内容功能角度。

（一）结构框架角度

从结构框架角度出发，游戏元素可以按照MDA框架、MDE框架、FDD框架、四元法和DMC金字塔等结构划分。其中，MDA框架中的M、D、A分别表示机制（Mechanics）、动力（Dynamics）和美学（Aesthetics）三类元素（Hunicke等，2004）。MDE框架是Robson等（2014）在传统的MDA游戏设计框架的基础上进行了更能体现使用者游戏体验的调整，其中的E表示情绪（Emotion），是使用者参与游戏时对机制元素和动力元素产生的情感反应。FDD框架主要是指形式（Formal）、戏剧（Dramatic）和动态（Dynamic）；四元法（Elemental Tetrad）是将游戏分为四个内嵌元素：游戏机制、美学表现、故事设定和实现技术。

本书以 Werbach 和 Hunter（2012）提出的 DMC 金字塔分类方法为例，详细介绍游戏元素的结构框架分类原理。DMC 金字塔分类法将游戏元素划分为三个层级：动力（Dynamics）、机制（Mechanics）和组件（Components）（见表 2-4）。其中，动力元素位于 DMC 金字塔的最高层，是游戏化系统的整体概念，表达了使用者的感受和情绪，它决定了使用游戏化活动更进一步的场景。游戏化系统的动力元素类型主要包括态度（如对企业品牌和社区的信赖）、关系（如由社交互动、地位和利他主义创造的友谊）、情绪（如好奇心、竞争心和幸福感等）和叙事（如一致和持续的故事）等。机制元素位于 DMC 金字塔的中间层，是游戏化设计者创建的用于推动游戏化进程和使用者参与的关键流程。机制元素是游戏化系统实施的关键环节，既可以模拟和刺激使用者发现自身具备的可能性，还可以有计划地引导使用者的反应和行为达到企业预期的效果。关键的机制元素包括挑战、机会、竞争、社交、奖励、认可、取胜和反馈等。组件元素位于 DMC 金字塔的最底层，构成了游戏化最基本的游戏规则和框架，是能让使用者最直接感受到并投入游戏氛围的工具性手段，它为游戏化系统的运转提供各项所需零部件，确保系统的良好运行，这些组件元素包括积分、徽章、排行榜、内容解锁、荣誉称号和虚拟商品等。

表 2-4 游戏元素的 DMC 金字塔分类法

游戏元素金字塔	特点描述	举例
动力	动力：游戏化系统中的整体概念	约束、情感、叙事、渐进和关系等
机制	机制：推动游戏化进程和使用者参与的基本流程	挑战、机会、竞争、合作、奖励、交易、取胜、反馈等
组件	组件：动力和机制的具体事例	点数、徽章和排行榜、头像、内容解锁、队伍、在线商品等

资料来源：根据 Werbach 和 Hunter（2012）的著作整理。

（二）内容功能角度

从内容功能角度出发，Yee（2006，2007）基于使用者动机将游戏元素分为三大类：①沉浸类，包括使命、故事、角色扮演、定制和逃避；②成就类，包括进步、挑战和竞争；③社交类，包括社交、关系和团队。Palmer等（2012）则将游戏元素分为以下四大类：①利用挑战和故事吸引使用者完成任务并持续参与的发展路径元素（progress paths）；②利用虚拟物品和真实货币激励使用者进阶升级的反馈与奖励元素（feedback and reward）；③帮助使用者通过社交网络创造竞争与合作关系的社会联结元素（social connection）；④让使用者体验到乐趣的界面设计和用户体验元素（interface and user experience）。Shang等（2013）设计了一套完全不同的动机激发元素，包括应付—逃避（coping-escape）、幻想（fantasy）、技能发展（skill development）、全能者（omnipotence-power）、娱乐（recreation）、竞争（competition）和社交活动（social activities）。

三、游戏体验概念及维度划分

按照Hamari等（2014）、Robson等（2014）对游戏化的定义，以及Landers等（2018）构建的游戏体验理论模型，游戏化系统可以通过为个体提供游戏体验改变个体的行为。因此，在游戏化应用时，游戏体验（gameful experience）[①]是目标行为结果的驱动力（Huotari和Hamari，2017；Seaborn和Fels，2015）。Landers等（2018）将游戏体验定义为一种由三类心理特征相互作用而产生的心理状态：①认为所提出的目标是不平凡和可实现的；②在任意外部强加的约束下被激励去追求这些目标；③相信他们在这些约束下的行为是自愿的。相应地，游戏体验的三个衡量指标分别为目标知觉、目标动机和自愿态度。

Eppmann等（2018）将游戏体验定义为使用游戏化系统产生的积极情感

[①] 一些学者如Hammedi等（2017）、Robson等（2014，2015）也使用类游戏体验（game-like experience）一词，两者内涵相同，本书统一使用"游戏体验"。此外，游戏体验对应的英文有两种指代：一种是由游戏化应用激发的"gameful experience"，另一种是由游戏激发的"gaming/game experience"，国内学者在进行翻译时，一般不做严格区分，本书提到的游戏体验指代第一种。

和参与质量（involving qualities），并且开发了包括愉悦（enjoyment）、沉浸（absorption）、创造性思维（creative thinking）、积极性（activation）、消除负能量（absence of negative affect）和操控（dominance）六个维度的GAMEX问卷测量工具。Högberg等（2019）将游戏体验分为成就（accomplishment）、挑战（challenge）、竞争（competition）、指导（guided）、沉浸（immersion）、玩乐（playfulness）和社交体验（social experience）七个维度。Wolf等（2017，2018）认为，游戏体验是使用者在数字服务使用过程中对与游戏机制相关的利益创造的感知；不同的游戏体验可能与同一游戏机制相关，同一游戏体验可能与多种游戏机制相关；游戏化能够提供技能发展（skill development）、社会联结（social connectedness）、表达自由（expressive freedom）和社会比较（social comparison）四种游戏体验；这四种体验可以通过激发使用者的自主性和控制性动机进而吸引其继续使用游戏化服务。Robson等（2014）采用被动—主动（passive vs. active）、理解—沉浸（absorbed vs. immersed）两个维度将游戏体验分为观察体验、观众体验、学习体验和表演体验四类，使用者可以在不同程度上同时产生这四种体验；其中，被动且仅限于理解的体验是观察者体验，被动但沉浸于其中的体验是观众体验，主动但仅限于理解的体验是学徒体验，主动且能沉浸于其中的体验是表演者体验。

四、玩家/使用者类型划分

了解玩家/使用者类型（player/user types）是细化和差异化游戏化设计和实践应用的重要部分（Hamari和Lehdonvirta 2010；Hamari 2011；Hamari和Järvinen，2011），自然也是游戏化研究领域的重要话题。游戏化领域的学者在研究使用者类型时，也会参考游戏玩家的类型。这里的"类型"并非指人口或地理等方面，而是聚焦于玩家/使用者的心理和行为特征（Hamari和Tuunanen，2014）。因此，许多学者都基于玩家/使用者的心理或行为对玩家/使用者类型进行了细致划分（见表2-5）。

表 2-5 玩家/使用者类型的划分

作者（年份）	玩家/使用者类型	基准
Whang Chang（2004）	个人导向玩家（single-oriented player） 团体导向玩家（community-oriented player） 非真实世界玩家（off-real world player）	心理层面
Tseng（2010）	攻击型玩家（aggressive gamer） 社交玩家（social gamer） 互动型玩家（interactive gamer）	
Zackariasson 等（2010）	进步与挑衅（progress & provocation） 权力与统治（power & domination） 朋友与合作（friends & collaboration） 探索与幻想（exploration & fantasy） 帮助与支持（helping & support） 故事与逃避（story & escapism）	
Bartle（1996）	成就者（achiever） 探险家（explorer） 杀手（killer） 社交者（socialiser）	行为层面
Lazzaro（2004）	轻松愉快（easy fun） 艰苦的乐趣（hard fun） 改变的状态（altered states） 人的因素（the people factor）	
Jacobs（2005）	铁杆玩家（hardcore gamer） 休闲玩家（casual gamer）	
Drachen 等（2009）	熟练者（veteran） 问题解决者（solver） 和平主义者（pacifist） 进步者（runner）	
Stewart（2011）	守卫者/成就者（guardian/achiever） 休闲玩家（casualgamer） 理性者/探险家（rational/explorer） 管理者（manager） 理想主义者/社交者（idealist/socialiser） 流浪者（wanderer） 征服者（conqueror） 工匠/杀手（artisan/killer） 铁杆玩家（hardcoregamer） 参与者（participant）	
Kallio 等（2011）	坚定心态者（committed mentalities） 社交心态者（social mentalities） 随意心态者（casual mentalities）	
Marczewski（2013；2015）	社交者（socialiser） 自由精神者（free spirit） 成就者（achiever） 慈善家（philanthropist） 破坏者（disruptor）	
Robson 等（2015）	奋斗者（striver） 学习者（scholar） 竞技者（slayer） 社交者（socialiser）	

资料来源：根据 Hamari 和 Tuunanen（2014）的文献整理。

其中，Bartle（1996）提出的分类模型，Robson 等（2015）对 Bartle 模

型的修正，以及 Marczewski（2013，2015）提出的 HEXAD 模型因符合按照游戏内行为模式来细分玩家/使用者类型的框架而颇具参考价值（Hamari 和 Lehdonvirta，2010；Andrias 和 Sunar，2019）。本书将分别对其进行详细介绍。

（一）Bartle 模型

Bartle 模型对玩家类型的划分是基于对多用户地下城（Multi-User Dungeons）游戏中玩家行为的观察。根据 Bartle 的玩家类型，游戏有两个维度：行动（action）与互动（interaction），玩家导向（player-orientation）与世界导向（world-orientation）。通过确定一个人在每一个坐标轴上的位置，就可以确定他或她是哪种类型的玩家。第一类玩家是喜欢行动、面向世界的成就者（achiever）；第二类玩家是喜欢互动、面向世界的探险家（explorer）；第三类玩家是喜欢行动、以其他玩家为导向的杀手（killer）；第四类玩家是喜欢与其他玩家互动的社交者（socialiser）。图 2-1 展示了这四种玩家偏好类型以及彼此之间的关系。图的横轴表示玩家导向与世界导向，从强调玩家（左）到强调环境（右）；纵轴表示行动与互动，从强调一起行动（底部）到强调单独行动（顶部）。图表的四个象限显示了与游戏偏好相对应的玩家类型。

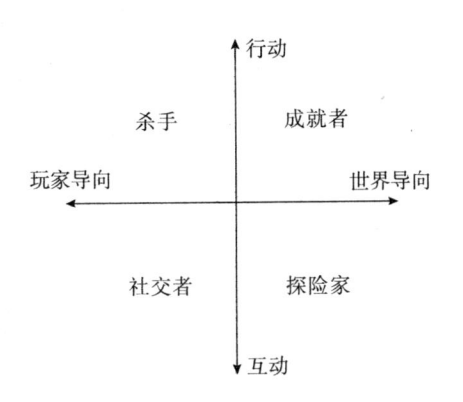

图 2-1　Bartle 模型划分的玩家类型

资料来源：根据 Bartle（1996）的文献整理。

其中，成就者对完成游戏中的任务非常感兴趣。在成就者看来，游戏环境是一个完全成熟且具有吸引力的世界，他们可以完全沉浸在其中；与其他人分享只是增加了一点真实性，也许还有点竞争元素。成就者参与游戏的目的是掌控游戏，让他做自己想做的事情，而那些毫无用处、无关紧要的细节以及消磨生活的闲聊，对成就者而言都没有任何内在的价值。成就者们为自己在游戏等级体系中的正式地位，以及仅花了很短的时间就达到这一水平而自豪。

探险家对游戏带来的惊喜感兴趣，即喜欢与世界互动，他们渴望的是虚拟世界所蕴含的奇迹感。探险家会增加游戏的深度，并将其作为玩游戏的重要部分，他们喜欢访问新的区域。对于探险家而言，一直得分毫无价值，因为它违抗了让世界充满生机活力的开放性。大多数有造诣的探险家都能轻易地赚取到足够的分数使其在排行榜上名列前茅。探险家们以他们对游戏的得分点了如指掌而感到自豪，尤其是当新玩家把他们当作所有知识的来源时。

社交者对与其他玩家互动感兴趣。这种互动通常是指聊天，也可以延伸到差异化的行为，找到并且了解其他玩家远比把他们当作任凭摆布的形象更有价值。在社交者看来，游戏世界是一个情境，角色赋予了其吸引力。社交者们以他们的友谊、人脉和影响力为荣。

杀手喜欢对其他玩家采取行动。通常情况下，这并没有得到这些其他玩家的同意（即使在客观上，对他们游戏的介入可能看起来有帮助），但杀手们并不在乎。他们只想展示自己对人类同胞的优越感，最好是在一个现实生活中可能意味着会被监禁，但在这里却是合法行为的世界里。杀手们为自己的名誉和经常练习的战斗技巧而自豪。

（二）Robson 模型

Robson 等（2015）在 Bartle 模型的基础上，将"行动—互动"导向和"玩家—世界"导向转变为竞争导向和玩家导向，并依据这两个维度对游戏体验中的玩家类型重新进行了划分，分为奋斗者（striver）、学习者（scholar）、竞技者（slayer）和社交者（socialite）。奋斗者渴望通过获得高分实现个人发展；竞技者追求战胜其他玩家，提升自己的地位；学习者更希望从游戏中学习经验；社交者青睐建立关系与他人协作。其中，奋斗者和竞技者特征表示玩家的竞争导向较高，学习者和社交者特征表示竞争导向较低，奋斗者和学习者特征表示玩家的自我导向较高，竞技者和社交者特征表示玩家的他人导向较高，如图2-2所示。

```
              高 ┌─────────────────┬─────────────────┐
              ↑  │ 奋斗者渴望通过获得 │ 竞技者追求战胜其他人 │
          竞争导向│ 高分实现个人发展   │                  │
              │  ├─────────────────┼─────────────────┤
              ↓  │ 学习者更希望从     │ 社交者青睐建立关系和 │
              低 │ 游戏中学习经验     │ 与他人协作         │
                 └─────────────────┴─────────────────┘
                 自我      玩家导向      他人
```

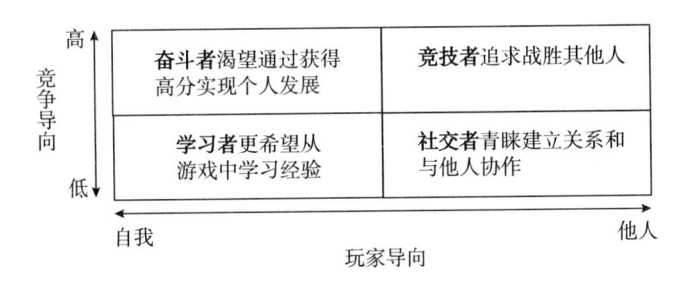

图2-2 Robson模型划分的玩家类型

资料来源：根据Robson等（2015）的文献整理。

此外，Robson等（2015）还列出了四种玩家类型与一些流行的游戏元素之间的关系（见表2-6），四种玩家类型都与团队游戏、在线游戏和真实世界的游戏相关联。不同的是，同具有高竞争导向的竞技者和奋斗者都与无限模式无关，而同具有低竞争导向的社交者和学习者恰好相反；同具有较高他人导向的竞技者和社交者都与多玩家导向相关，与新的等级无关，而同具有较高自我导向的奋斗者和学习者与之恰好相反。

表2-6 玩家类型与关键游戏元素的关系

游戏机制	竞技者	奋斗者	社交者	学习者
排行榜、徽章、积分（Leaderboards、Badges、Points）	√	√	—	—
任务难度增加（Increasing Task Difficulty）	√	√	—	—
有限模式（Finite End）	√	√	—	—
多玩家导向（Multiplayer Orientation）	√	—	√	—
无限模式（Infinite Play）	—	—	√	√

续表

游戏机制	竞技者	奋斗者	社交者	学习者
新的等级（New Levels）	—	√	—	√
团队游戏（Team Playing）	√	√	√	√
在线游戏（Online Playing）	√	√	√	√
真实世界游戏（Real World Playing）	√	√	√	√

资料来源：根据 Robson 等（2015）的文献整理。

（三）HEXAD 模型

Bartle 模型以及 Robson 对其的修正都是属于对游戏玩家的划分，HEXAD 模型则是直接对游戏化使用者的划分。该模型基于内在和外在动机因素将游戏化使用者划分为六种类型（见图 2-3）：社交者（socializer）被关系所激励，他们想与他人互动，建立社交关系；自由精神者（free spirit）由自主性和自我表现所激励，他们想要创造和探索；成就者（achiever）被掌控感所激励，他们希望获得知识，学习新技能，提升自己并克服挑战；慈善家（philanthropist）被目的性和意义性所激励，他们是利他主义者，喜欢给予别人一些东西，在某种程度上丰富别人的生活，而且不期望得到回报；破坏者（disruptor）被改变所激励。一般来说，他们想直接或通过其他使用者来破坏系统，以迫使系统做出积极或消极的改变；游戏者（player）被外在奖励所激励，他们是利己主义者，仅会做一些必要的事情以从系统中获得奖励。其中，慈善家、社交者、自由精神者和成就者被内在动机所驱动，游戏者和破坏者由外在动机所驱动。游戏者又可以被细分为自我寻找者（self-seeker）、消费者（consumer）、网络者（networker）和探险者（exploiter）。破坏者也可以被细分为悲伤者（griefer）、毁坏者（destroyer）、影响者（influencer）和推进者（improver）。Marczewski（2015）还使用行动 vs. 互动，使用者 vs. 系统坐标图对这些使用者类型进行了详细划分（见图 2-4~图 2-6）。

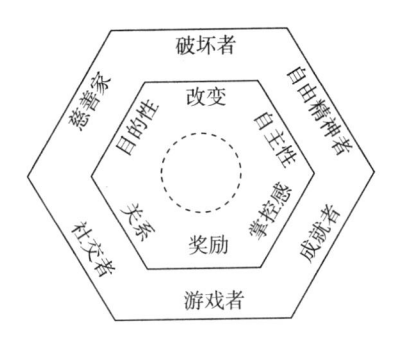

图 2-3　HEXAD 模型划分的玩家类型

资料来源：根据 Marczewski（2015）的文献整理。

图 2-4　使用者类型的内在动机

资料来源：根据 Marczewski（2015）的文献整理。

图 2-5　游戏者的细分

资料来源：根据 Marczewski（2015）的文献整理。

```
            ↑ 反方（Black Hat）
   悲伤者  │  毁坏者
           │
使用者 ────┼──── 系统
           │
   影响者  │  推进者
            ↓ 正方（White Hat）
```

图 2-6　破坏者的细分

资料来源：根据 Marczewski（2015）的文献整理。

五、游戏化主要应用场景

游戏化最主要的应用场景包括教育和学习、保健和运动、企业在线社区（包括在线品牌社区和众包等）、企业工作场所（Koivisto 和 Hamari，2017）。游戏化能够在这些领域受到格外青睐的可能原因是，这些场景都拥有众多的使用者，他们之间的竞争和互动更容易引发使用者对更好表现的追求，从而能够为整个系统创造巨大的收益。本节主要简单介绍教育学习场景和保健运动场景的一些研究成果，企业在线社区和企业工作场所场景都属于企业场景，是本书重点研究的企业游戏化应用场景，将于下一节再进行详细介绍。

（一）教育学习场景

教育学习场景应用游戏化的主要目标是帮助人们学习、协作和交流，获得知识和解决问题。游戏化提供的虚拟模拟一直是一种有效的策略，可以教人们如何在各种情况下作出反应，并提供练习机会，而不需要相关的成本和风险。许多学者都一致认为，游戏元素的应用可以使学习过程变得愉快，有利于提高学习成绩和促进合作（Buckley 和 Doyle，2017；Alsawaier 等，2018），其中，级别、目标、地位和积分四类游戏元素最受使用者青睐（Schhbel 等，2016）。Orwin 等（2015）针对远程访问实验室交流中加入的游戏机制进行了研究，系统利用不同的游戏元素和不同的应用程序以支持使用者从新手到专家的不同阶段，研究发现，关键的游戏元素包括积分、排行榜、徽章、叙事、探索、进展、反馈和队伍等都可以积极地促进使用者的投入、合作和交流。例如，Landers（2015）发现，排行榜的使用增加了组织心理学课程的学生花在小组作业互动上的时间。Kim 和 Castelli（2021）的一项元分析结果表明，游戏化的奖励系统，如为特定成就提供徽章，确实与学生投入显著相关；相比于较长期的游戏化干预，短期游戏化干预更有可能改变学习者行为和改善学习效果。当然，游戏化的影响效果并不总是积极的，Hanush 和 Fox（2015）的实验研究发现，与非游戏化课程相比，参加游戏化课程的学生随着时间的推移表现出更低的动力、满意度和学习能力，以及更低的期末考试成绩。

（二）保健运动场景

保健运动场景应用游戏化的主要目标是增加体育活动，促进健康生活或激励患者继续其康复过程。游戏化在诱发行为改变以促进健康方面具有许多优势，大量移动健身应用程序都通过积分系统吸引使用者，激励使用者跑更多的里程、做更多的锻炼，以获得更多的分数。Johnson 等（2016）对 19 篇关于游戏化对健康影响的论文进行了研究，发现 59% 的结论是积极的，41% 为混合效应，主要表现为中等程度或较低程度的影响，这表明，游戏化可以对人类健康福利特别是健康行为产生积极影响。例如，Cafazzo 等（2012）在多伦多的儿童医院针对为 20 名糖尿病青少年开发并提供的 iPhone 健康应用程序，目的是激励他们更好地监测自己的血糖浓度，程序中加入了游戏化设计，为每次血糖测试和读数等提供积分，每奖励够 200 分，患者就可以在 iTunes 上购买商品。研究结果是积极的，患者每日平均测量频率增加 50%，从每天 2.4 次增加到每天 3.6 次。Zuckerman 和 Gal-Oz（2014）在步行软件中加入点数、排行榜、虚拟奖励等游戏元素，分析发现，整体上游戏化对激励使用者运动是有效的，但是大多数使用者认为点数毫无意义，而对排行榜的兴趣则因人而异。Yoganathan 等（2014）基于认知负荷理论指出，游戏化健身应用程序中的社会比较可以影响使用者的参与和认知负荷，进而影响使用者进行体力活动。Wu 等（2015）收集了 80 位 Nike+Running 用户的网站数据进行研究，结果表明，用户对系统的态度和系统的便利条件与用户的身体活动行为显著相关,感知的竞争气氛和自我效能在社会比较对用户态度的影响过程中起负向调节作用。Ewais 和 Alluhaidan(2015)针对一些压力管理健康应用程序中的游戏化设计进行了研究,评估结果显示,奖励、点数和徽章等游戏元素可以充当使用者外在动机的驱动器,帮助吸引使用者,但却无法使使用者长期使用这些应用程序,外在动机的扩展并不会导致自我压力管理的最佳结果。Florin 等(2019)对某健康 App 采用的游戏化效果进行了研究,发现游戏化设计(即社交互动、控制感、目标、进度跟踪、奖励和提示)可以通过为使用者提供希望,从而提高使用者参与度。

第三节 企业游戏化的概念范畴界定

游戏化应用于企业场景时成为企业游戏化,主要呈现两种不同的应用模式:应用于企业在线社区场景、面向用户的外部游戏化,以及应用于企业工作场景、面向员工的内部游戏化(Werbach 和 Hunter,2012)。

一、企业外部游戏化应用模式

企业外部游戏化通常应用于在线品牌社区场景,主要是将一些游戏元素应用于在线社区的界面设计、功能设计、活动设计、用户信息展示或用户交流与反馈等[1]。企业外部游戏化的主要目标是增加在线社区的用户参与动机和行为,提升用户对品牌和产品服务的忠诚。具体路径主要可概括为以下两种:

第一,依托于在线社区的用户交互,主要通过鼓励社区用户内容生成,组织经过识别、获取和吸收用户需求、反馈和创意后进行创新。采用的游戏元素主要包括让用户体验到乐趣的界面设计和用户体验元素,以及帮助用户

---

[1] 游戏化是从电子游戏中衍生而来,本身就属于一种信息系统,因此,纯线下的,即使是带有游戏性质或充满游戏元素的互动也不能算作游戏化。例如,曾经风靡全球的"冰桶挑战",虽然采用了"挑战"这一游戏元素,但并不能算作游戏化应用。

通过社交网络创造互动、亲密关系的社会联结元素等。例如，星巴克推出的"我的星巴克点子"（My Starbucks Idea）在线社区，该社区就像一个即时、互动的全球性用户意见箱，用户不仅可以提出各类针对星巴克产品和服务的建议，对其他人的建议进行投票评选和讨论，而且可以看到星巴克对这些建议的反馈或采纳情况。星巴克还开发一款"Early Bird"早鸟闹铃，投放在其 App 中。用户在设定的起床时间，按提示点击起床按钮，就可以集一颗星，同时如果能够在一个小时内走进任意一家星巴克门店，凭手机应用记录就能买到一杯免费咖啡，迟到作废，同时，鼓励用户在 Facebook（现改名为 Meta）和 Twitter 上与朋友们分享起床时间。在这个案例中，星巴克创意平台 My Starbucks Idea 使用的游戏元素具体包括：可视化排名（通过投票产生）、可视化荣誉（采用情况实时公布）、积分奖励、公开感谢、从众多创意中获胜的挑战等。

第二，依托于在线社区的用户创新，主要通过在社区内设置任务挑战赛，参与者按时提交成果，由社区成员投票选出优胜者，组织采纳成果并奖励获胜者。采用的游戏元素主要包括帮助使用者通过任务挑战创造团队联盟的竞争与合作元素，以及利用挑战和故事吸引使用者完成任务并进阶升级的发展路径元素。例如，乐高设立的 IDEAS 社区，乐高玩家们可以在社区上提交自己的奇思妙想，邀请全世界的玩家为他们的创意"点赞"投票，并有可能在乐高设计师的帮助下实现梦想，让作品成真。乐高 IDEAS 系列一直以来都是乐高玩家们可以施展创意想法的产品系列，并以乐高迷个人设计作品、全球票选、官方终选后进行商业化的独特模式而闻名，每款 IDEAS 系列新品总能引起全球乐高迷的广泛关注。在这个案例中，乐高 IDEAS 社区采用的游戏元素具体包括可视化荣誉、取胜、认可、反馈和挑战等。

此外，为避免概念混淆，还需要对企业外部游戏化与游戏化营销的概念范畴进行比较说明。游戏化营销是指企业在营销活动中植入游戏元素，通过激发用户的游戏体验，实现企业的营销目标。"企业外部游戏化"这一概念意在强调应用场景，但其激励目的也是实现营销目标。"游戏化营销"这一概念意在强调激励目的。正如 Deterding 等（2011）所言，游戏化营销的目标也是激励用户参与。宁昌会和奚楠楠（2017）也曾提到，游戏化营销的本质是一种激励方式，重点是利用游戏化设计为用户提供游戏体验，对目标用户产生激励效应。游戏化营销的应用场景也主要是企业在线品牌社区，但还包含了广告营销中的游戏化应用。因此，两者的概念范畴大部分重叠但并不完全一致，企业外部游戏化属于游戏化营销，但不涉及游戏化广告应用。

二、企业内部游戏化应用模式

企业内部游戏化通常应用于工作场景，主要是将一些游戏设计思维和游戏元素借鉴应用到企业的职位体系设计、任务设计、培训学习、团队合作、绩效考核、薪酬激励和职业生涯管理等员工管理体系中[①]。游戏化作为一种新型激励工具，嵌入员工管理体系中，可以构建游戏化的员工激励体系，激发员工的内在工作动机，增强员工积极的工作场所体验，进而驱动积极的工作行为、产生积极的工作绩效。企业内部游戏化应用的目的是塑造员工新的行为模式和思维方式。

企业内部游戏化应用模式可通过图2-7简单描述。企业扮演游戏设计师的角色，将游戏中的虚拟角色、挑战、竞赛、积分、升级、排行榜、成就、徽章和虚拟奖品等游戏元素移植到员工管理体系内，应用到员工的工作任务设计、团队合作、培训学习、绩效评估和薪酬奖励等方面，使其紧张并快乐地进入最佳竞技状态，在工作行动中表现出玩乐时的热情、创造性和合作精神。

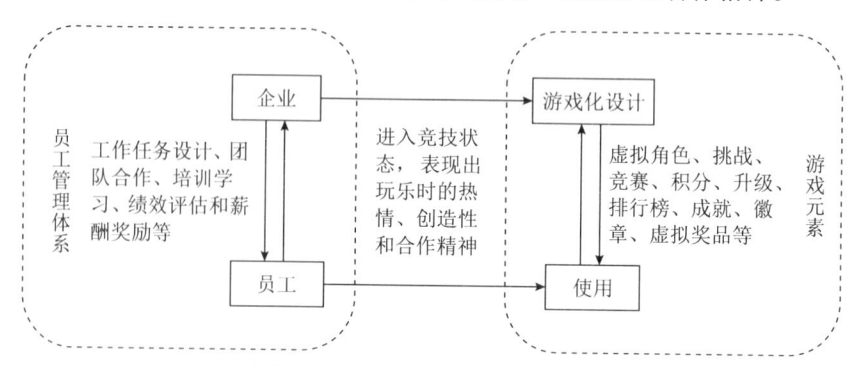

图2-7 企业内部游戏化应用模式

资料来源：根据吴清津和王秀芝（2012）的文献整理。

---

① 当然，企业内部游戏化通常是部分游戏化，并非员工管理的所有环节都会嵌入游戏化。

根据企业内部游戏化应用的板块不同，效果也不尽相同。游戏化可以应用于内部沟通方面，例如，Freudmann 和 Bakamitsos（2014）发现，游戏化可以提供一种可接受的、易于理解的，甚至是令人愉悦的方式传递信息。游戏化还可以应用于企业职位晋升体系。例如，上海步科公司受手游《部落冲突》的启发，打造了"部落生存"游戏化系统。步科的销售员工有两套职位晋升体系——销售等级和技术职称，企业根据员工的销售业绩与技术水平对员工职位等级进行划分。从新人、青铜长老、白银长老、黄金长老到白金长老，表示因销售业绩提升带来销售等级的上升，销售等级与薪点直接挂钩；从术士、法师到大法师，则代表因技术能力增强带来技术职称的上升，技术职称与津贴直接相关。游戏化还可以应用于员工的知识管理方面，例如，Silic（2017）发现，如果游戏化能够使员工感知到共享知识能够带来互惠、认可和愉悦，那么员工会有更强的知识共享动机，这种动机与绩效预期和工作投入都显著相关。Shpakova 等（2017，2019）发现，在知识管理中使用游戏化的益处可能远远超出了动机供给，游戏化可以帮助支持员工的灵活性，促进组织透明度并因此提高员工之间信任度，还可以使技能和能力可视化以及对新能力提出要求，并促进知识型员工之间知识共享和跨部门协作的工作环境。

此外，为避免概念混淆，需要特别对企业内部游戏化与文献中出现频率较高的两个关键词——工作游戏化（gamification of work）和游戏化管理（gamification management）的概念范畴进行比较说明。工作游戏化通常指组织在工作任务设计环节加入游戏元素的策略，由于组织工作任务设计本身也属于员工激励管理体系，因此，工作游戏化属于企业内部游戏化应用模式的一种。游戏化管理通常是指在企业人力资源管理体系中植入游戏元素的策略，包括在招聘环节使用游戏元素以吸引面试者，因此，两者的概念范畴大部分重叠但并不完全一致，企业内部游戏化属于游戏化管理，但不涉及游戏化招聘应用。

第四节 个体参与的概念范畴界定

游戏化的主要目标就是激励使用者投入/参与（user engagement/participation）（Mekler 等，2013；Zuckerman 和 Gal-Oz，2014；Robson 等，2015）。关于投入和参与这两个概念的选取，在汉语中，"投入"有聚精会神，或全身心地做某件事的意思，既可以指向行为层面，也可以指向情感和精神等意识层面；"参与"有介入、参加的意思，多指行为层面。关于"engagement"和"participation"的英译，国内学者通常将"customer engagement"译作"顾客融入"，指顾客与企业之间的互动，表示顾客在服务过程中的贡献程度，包括认知、情感和行为等多重维度，但与具体的购买行为无关（Hollebeek 等，2019；陈静，2017；高鹏等，2020）；将"customer participation"译作"用户/顾客参与"，指与产品和服务的生产及传递相关的用户精神和物质方面的具体付出行为，它是个行为变量，与购买行为相关（张文敏，2012）；将"employee engagement"译作"员工敬业度"，指的是一种与工作有关的、积极的、充满成就感和圆满的情感与认知状态（Schaufeli 等，2002），侧重点是员工尽力完成本职的一种工作态度，属于情感投入，但不包括外显的具体工作行为。

考虑到本书主要研究的是企业游戏化对个体使用者行为层面的激励，以及国内学者的英译习惯，故使用"个体参与"（individual participation）这一构念及英译，并将其界定为一种行为概念，指游戏化系统的个体使用者在应用场景内发生的行为层面的介入和参加。由此，"用户参与"和"员工参与"的英译分别选定为"customer participation"和"employee participation"。游戏化被应用于企业管理领域时，其主要的使命就是激励用户参与以实现营销性目的和激励员工参与以实现生产性目的。因此，企业游戏化的激励目标——个体参与，包括用户参与和员工参与，两者也都是行为概念。

一、用户参与的概念内涵界定

得益于服务主导逻辑理论的盛行，用户参与的关注度在过去十多年间得到了迅速增长（Brodie 等，2011；Pansari 和 Kumar，2017）。围绕用户参与，其概念内涵依旧是讨论的首要话题，目前主要存在以下两种定义思路：

一方面，一些学者认为，用户参与应该包括用户角色内和角色外的情感和行为。例如，Kumar 等（2019）、Hollebeek 等（2019）都将用户参与定义为，用户在与品牌互动中的认知、情感、行为和社交操作及操作资源的投入，如用户可以使用智能设备（即操作资源）以及认知（如阅读）技能来查找火车发车时间，从而参与品牌互动。Brodie 等（2011，2013）在虚拟品牌社区场景下，定义用户参与是用户和品牌、用户和用户之间特定的互动经历；用户参与是一种情景依赖的心理状态，这种状态发生在动态的、迭代的参与过程中，并表现出一定程度的波动强度。遵循这一定义思路，用户参与是一个包括认知、情感和行为的多维构念，这些维度在与品牌的互动或关系交换过程中起着核心作用（Claffey 和 Brady，2017）。

另一方面，也有学者将用户参与限制于角色外的行为表现，如用户公民行为/帮助行为等。例如，Doorn 等（2010）认为，用户参与是用户对品牌或企业的行为表现超出了购买关系，且这种行为表现源于动机驱动。同样地，Jaakkola 和 Alexander（2014）将用户参与定义为用户自愿贡献资源的行为，这些行为以品牌或企业为中心，超出了交易的基本范畴，发生在焦点对象和其他参与者之间的互动中，并源于动机驱动。按照这种定义思路，用户参与是一个只包含行为表现的单维构念。

综上可知，前一种定义思路包含了角色内和角色外的情感、认知和行为等多个维度，能够使用户参与内涵更具丰富性和包容性；后一种定义思路则聚焦于角色外的行为层面。本书综合借鉴两种定义思路，将用户参与定义为：用户在与企业或品牌互动或关系交换过程中表现出来的、由动机驱动的角色内和角色外的行为表现，既包括线下消费场景的购买行为和口碑传播等行为，也包括在线社区场景内的浏览、互动和内容生成等行为。

二、员工参与的概念内涵界定

在现有文献中,"员工参与"(employee participation)[①] 通常是指组织中的普通员工依据一定的规定和制度,通过一定的组织形式,直接或间接地参与管理、监督和决策等各种行为的总称(常凯,2005)。这一概念趋向于一种企业授权管理措施和实践,显然与本书研究指向的个体参与强调有效工作行为的主动性和自觉性的内涵侧重点不同,因此,本书参考个体参与和用户参与的定义,将员工参与定义为员工在与企业关系交换过程中表现出来的角色内和角色外的、由动机驱动的工作行为表现。

第五节 国外企业游戏化应用相关研究

一、企业外部游戏化应用相关研究

(一) 企业外部游戏化对用户心理影响的相关研究

游戏化对用户心理层面的激励主要是通过满足用户心理需求和激发积极的心理体验,进而影响用户对品牌的态度和购买意愿。例如,Shang 和 Lin (2013) 发现,技能发展、幻想、逃离现实、拥有全能的力量、社交、娱乐、竞争七种游戏元素会对购买意愿产生正向影响。Bittner 和 Schipper (2014) 发现,游戏化提供的心流体验和愉悦体验可以显著提高用户的购买意愿。Harwood 和 Garry (2015) 针对企业在线品牌社区的一项研究结果表明,获胜机会、奖励(刺激)和任务等游戏元素的引入确实可以加强在线用户对品牌的信任、忠诚和承诺等情感。Yüksel 和 Durmaz (2016) 发现,游戏化的影响力、互惠互利性和网络性与用户对游戏化的态度直接相关,而这种态度又会

[①] 国内学者也将"worker participation"译作员工参与。

影响用户的购买意愿。Baptista 和 Oliveira（2017）发现，手机银行服务的游戏化如果使用和设计得当，可以使活动更令人兴奋、更有趣、更愉快，最终提高用户的接受度、参与度和满意度。Mucollarih 和 Samokhin（2017）研究发现，游戏化可以通过提供奖励（徽章、排行榜）激发用户的外在动机，满足用户的关系需求，进而影响用户的购买意愿。Yang 等（2017）发现，用户对游戏化社会影响力的感知与用户的品牌态度积极相关。Hassan 等（2018）发现，游戏化可以提供给用户情感体验反馈，而情感体验反馈与用户感知到的福利和持续使用意愿有很强的关联。Eisingerich 等（2019）发现，游戏化原则包括社会互动、控制感、目标、进度跟踪、奖励和提示，可以促进希望，从而增加用户的参与度和线上销售。Hwang 和 Choi（2019）发现，游戏化项目增加了用户的忠诚度，从而增强用户的参与意愿和应用程序下载意愿，对该项目的玩性和态度是游戏化影响效果的中介机制，在自我导向的奖励条件下，这种中介作用更强。Dhahaka 和 Huseynov（2020）发现，用户对游戏化的易用性、社交影响力和愉悦性感知可以显著影响用户对品牌的态度。Abou-Shouk 和 Soliman（2021）发现，旅游机构即旅行社采用游戏化可以有效增加用户参与，并增加品牌意识和品牌忠诚。Jahn 等（2021）发现，化身和反馈这两种游戏元素或设计可以有效提高用户的重复使用意愿。Aparicio 等（2021）发现，游戏化的电子商务网站可以有效提高用户的使用率，进而提高重复购买意愿。

（二）企业外部游戏化对用户行为影响的相关研究

游戏化对用户行为层面的激励效果，主要包括用户对品牌活动的参与、消费行为和用户保留等。例如，Shang 和 Lin（2013）认为，游戏元素所提供的社交互动式游戏体验可以作为企业保留用户和鼓励用户重复购买的手段。Schonen 等（2014）发现，游戏化能够利用游戏框架下的无形竞争、挑战和奖励系统等，有效地调动用户线上点击和评论的热情。Ziesemer 等（2014）调查一个在线口碑推荐系统，研究发现，游戏化可以通过各种有形和无形的奖励鼓励用户评分和发表评论进而提高用户的声誉，这种声誉系统可以显著地提高用户推荐项目的可靠性。Conaway 和 Garay（2014）发现，游戏元素如挑战、奖励、勋章和排行榜等可以使服务环境场景化、服务的传递表达戏剧化，使用户在享受服务时得到游戏般的体验，从而以较低的营销成本有效地吸引用户主动体验服务和评价服务，并积极参与营销活动。Lucassen 和 Jansen（2014）发现，游戏元素可以通过提供游戏体验促成如顾客契合、品牌忠诚和品牌意识等营销目标。Harwood 和 Garry（2015）构建一个用户参与体验的游戏化环境模型，该模型认为游戏元素可以通过影响用户参与情感（包括有趣和享受等心流体验，或不满）和用户参与行为（包括任务完成、成就、交流互动）进而影响参与结果（包括信任和承诺关系、重复互动和购买的忠诚，或破坏）。Rodrigues 等（2016）发现，游戏化在推动有价值的用户行为、使复杂的操作变得更轻松和愉快、推动用户对新产品的接触以及建立用户忠诚度方面具有令人兴奋的作用。

Kavaliova 等（2016）以网络 T 恤公司 Threadless 为案例研究样本，对企业如何利用游戏化即游戏元素和设计技术来激励在线品牌社区的众包项目进行探讨，分析表明，利用各种游戏元素和游戏机制塑造的游戏思维是游戏化激励的关键；只要活动是有趣的，用户将在不期待任何回报的情况下展开行动；企业必须公开承认边缘用户的贡献，并通过使用灵活的奖励系统、身份地位和挑战给予他们认可；尽管外在奖励很重要，但也必须认识到内在因素对于维持用户持续参与至关重要。Hamari（2017）的研究结果显示，游戏化系统内的用户更倾向于发布交易建议、进行交易、评论建议。Justin 和 Joy（2019）的文献综述表明，尽管游戏化不能保证取代积极的营销，但它确实有助于创造积极关系体验，游戏化在电子支付网站中的应用能够创造用户参与度和留住用户。Xi 和 Hamari（2019）发现，游戏元素可以通过增强社区用户在情感、认知和社交三方面的品牌投入进而促进品牌资产提升。Nina 和 Sasho（2021）以 Grouper 公司的客户和销售数据库为样本，分析和识别了游戏化使访问者转向用户、用户转向客户的能力，以及对活动推广和宣传的影响，研究发现，设计结构良好的游戏化系统效果显著，应用期间新客户数量增加 318%，月销售额增加了 45%，对公司和赛事的宣传效果良好。

二、企业内部游戏化应用相关研究

（一）企业内部游戏化对员工心理影响的相关研究

大部分的研究结果都显示，游戏化激励能够显著增强个体的内在动机、积极情感和参与意愿。例如，Flatla 等（2011）的现场实验发现，对传统的校准工作进行游戏化设计后，员工在完成工作过程中所感知到的困难、沮丧和厌烦等负面情绪都显著降低，而享受该工作的程度显著提升。PeThan 等（2014）对企业信息共享系统的人机游戏进行了研究，发现只要人机游戏能够满足员工的自主、胜任和关系三大心理需要和信息需要（即帮助员工感知到可观的输入），就可以使员工感到愉悦。Schmidt 等（2015）通过访谈调查研究发现，游戏化可以满足员工的四类心理需要：第一类是成就需要，包括认可和声望、声誉、能力和成长、中心化；第二类是联结需要，包括帮助他人、接受帮助、互相照顾、自我效能感和接受度、相关性和与他人分离；第三类是权力需要，包括差异、纪律和控制、适应权力、自治和侵略；第四类是幸福需要，包括娱乐休闲、获取和保存、安全、认知刺激、感官愉悦和放松、命令、好奇心和知识。Landers 等（2015）发现，游戏化能够利用游戏积分、排名、荣誉等游戏框架下的无形竞争、挑战和奖励系统，有效地调动员工的工作热情和创新动机。Liu 等（2017）发现，基于智能手机的游戏化工作设计可以显著提高员工的工作动机、工作满意度和经营绩效。Heijden 等（2020）以荷兰六家企业为样本进行了案例研究，研究结果表明，工作场所游戏化对组织来说是一条很有前途的道路，对雇主和雇员都有利；游戏化在工作场所的成功取决于是否能够满足员工对能力、自主和关系的心理需要；为了充分利用工作场所游戏化，雇主、主管和员工本身应该充分关注游戏化的条件，包括员工的个人偏好、人口统计特征、对心理安全的需要。Mitchell 等（2020）发现，工作场所的游戏化可以通过让员工更好地感知自我价值，将外在动机内化，进而支持需要满足、内在动机和行为意图。

此外，有学者还发现了一种有趣的"游戏框架效应"。例如，Sandelands（1988）发现，对于同一项活动，当参与者将该活动当作一项游戏时，会偏向于从过程角度考察该任务；而当参与者将该活动当作一项工作时，就会偏向于从结果角度进行考察。同样地，Glynn（1994）在针对 MBA 学生企业管理实习的一项实验研究中发现，仅仅是将该实习活动描述成游戏，就会增加参与者对任务的兴趣，并且发现两种情境下的被试在目标导向方面显示出显著差异：工作情境下的被试有更强的结果导向，而游戏情境下被试更倾向于过程导向。Lieberoth（2014）也认为，游戏框架对提高参与者的投入度和内在动机的作用和其他游戏元素一样有效。

当然，按照 Koivisto 和 Hamari（2017）的文献综述，在游戏化应用的诸多领域包括商业/管理领域都存在游戏化激励的研究结果不显著甚至是负向的情况。例如，Lieberoth（2015）在对一项小组讨论任务的实验研究中发现，尽管在任务中加入了多个游戏元素，但员工内在动机的大部分维度尤其是价值感、重要性和自主性等都没有发生显著变化。Ranz（2015）在关于基本行政工作的实验研究中也发现，游戏元素与员工的内在动机之间没有显著的相关关系。同时，Thom（2012）认为，移除游戏化似乎会对使用者产生有害的影响，仍在应用游戏化的使用者，可能会因丢失赢得的徽章和积分等而产生厌烦和抵触。Korn 等（2015）对采用游戏化激励和不采用游戏化激励的两组员工的情绪进行了对比，发现没有采用游戏化激励的员工既会表达出更多的不快乐情绪（正如预期的那样），也会表达出更多的快乐情绪；研究者给出两种可能的解释：一是在游戏化激励过程中，员工可能会有意或潜意识地隐藏快乐情绪的表达；二是当没有进行游戏化激励时，员工可能会有更多的情绪参与其中，快乐和不快乐会自然地达成一种相对的平衡状态。Hammedi 等（2021）的研究发现，内部游戏化对员工满意度、敬业度和绩效产生了反直觉的负面影响，即游戏元素可能会导致压力和脱离（disengagement），以及员工的幸福感降低和绩效下降等后果，尤其是当这些元素没有与管理制度相适当结合时。

（二）企业内部游戏化对员工行为影响的相关研究

许多学者都对企业内部游戏化与员工的有效工作行为和创新绩效等工作产出的影响关系进行了论证和支持。例如，Farzan 等（2008）在某公司内部社交网络中设计并实施了一个基于点数和等级的奖励机制，评估发现在这种游戏化的激励下，员工在该社交网络上的贡献得到显著提升。相反地，Thom 等（2012）则通过删除了某公司社交网站上已有的游戏元素进行了实验，发现员工在网站上的贡献明显减少。Jung 等（2010）针对群体合作解决问题的任务进行了一系列实验，研究发现，在任务中纳入实时绩效反馈和目标设定等一些游戏机制后，单个被试产生的想法数量显著增加，群体产生的想法也更具创新性和可行性。Hamari（2013）发现，仅仅实施游戏化并不会自动导致使用者的参与活动显著增加，然而，那些主动监控自己和其他使用者徽章数量的人，他们的参与活动明显增加了，这表明，游戏化的激励效应可能由社会比较效应和新奇效应引起。Moradian 等（2014）发现，游戏元素可以帮助团队在头脑风暴中产生更多的想法，并会让团队成员在随后的会议磨合过程中参与更多的讨论，同时，游戏化元素不会对想法质量产生负面影响。Mollick 和 Rothbard（2014）针对销售任务的现场实验中发现，在加入游戏元素后，参与者的销售绩效呈现出明显上涨趋势。Suh 等（2015）的研究结果表明，游戏动力会提高员工需求满意度，从而增强愉悦感并最终促进员工对游戏化系统的参与。Ranz（2015）也发现，在常规的行政任务中加入游戏元素后，员工的任务错误率有所下降。Oravec（2015）认为，将游戏化纳入组织的日常活动有助于增强和拓展员工的能力并增长见识，即使是在相对平凡的环境（如装配线或日常办公环境）中。Agogué 等（2015）发现，游戏化元素中角色扮演和模拟现实所带来的诱导沉浸式体验可以提供一种创造性氛围，支持员工之间知识分享、交流和团队合作并促进创新。

Rives（2016）以南非的多家广告公司为研究对象进行了分析，结论表明，游戏化管理实践可以显著地提升员工投入度、内容贡献和组织公民行为，并降低员工离职率。Stanculescu 等（2016）在一家大型跨国公司进行了关于企业应用游戏化的实验，该实验涉及 206 名员工，为期 2 个月，研究结果表明，游戏化可以显著地促进员工的学习和社交行为。Tsourma 等（2019）进行了一项在知识共享的 Web 应用程序中加入游戏元素的项目，发现它可以鼓励员工参与讨论，为工作相关问题提出解决方案，在平台上传和查看高质量的有用内容,实践证实,该游戏化项目在任务管理方面具有高度可适配性。Oppong-Tawiah等(2020)设计了一个可以跟踪员工在计算机相关设备上用电情况的游戏化系统以鼓励员工减少能源消耗,研究结果表明,该系统有效地降低了员工的用电量,并提高了他们继续从事环保行为的积极性。Kim(2020)发现,企业在移动社交平台上采用挑战和关系等游戏元素可以增强员工的持续使用意愿,进而对员工的自主学习产生积极影响。Adhiatma等(2021)以电子商务营销部门的网络营销员为研究对象,将游戏化激励作为调节变量,发现游戏化激励可以有效调节个人灵巧性(personal dexterity)对学习体验和个人绩效的积极影响。

三、企业游戏化应用效果的情景因素相关研究

(一)使用者人口特征因素

游戏化的激励效果会受到年龄、性别、游戏经验、知识技能等人口统计特征等影响。例如,Yee(2006)将游戏玩家的动机归纳为五类:成就、关系、沉浸、逃避现实和操纵。研究发现,男性玩家受成就和操纵因素影响更大,女性玩家则受关系因素影响更大。Koivisto和Hamari(2014)也发现,游戏化的易用性与性别显著相关,女性使用者可能从游戏化中获益更大。Bittner和Schipper(2014)发现,那些先前具有电子游戏经验的用户对广告游戏化的产品有更高的购买意愿,而且,相比于年轻人,那些年龄较大的用户可能不太容易从游戏化广告中感受到愉悦和心流体验,认为游戏化没有用处,因此,对游戏化产品的购买意愿低于年轻人。不过,Ranz(2015)曾试图讨论年龄与工作游戏化的交互作用,但年龄的调节作用并未得到实证数据支持。Shang和Lin(2013)发现,受教育程度高的用户更偏好在线购物,高收入人群的消费支出更多,因此,这些用户更可能从游戏化营销中获得良好体验,并产生更高的购买意愿。Landers等(2018)认为,使用者的知识、技能、能力和其他心理特征都可能会影响游戏化系统激发游戏体验的成功率。Hammedi等(2017)通过分析两个游戏化医疗服务案例发现,为了充分享受游戏化服务的好处,使用者通常需要获得和使用新技能,这些技能的相对缺

乏或难以获得（取决于使用者的医学倾向和年龄），可能会消解游戏化对使用者参与的积极影响。Höllig 等（2020）发现，使用者的竞争力特质可以显著影响其对竞争导向的游戏化系统的参与意愿。

（二）使用者态度因素

使用者对游戏化的认可、接受度和评价等态度会影响游戏化激励的效率。例如，Mollick 和 Rothbard（2014）的研究发现，如果员工在工作以外的生活中接受和熟悉类似的游戏，以及在游戏化激励过程中能够发挥自主性，那么更有可能对主管所施行的游戏化产生认可，这种认可包括对游戏化系统的清晰度、公平性参与度的感知；只有当员工对游戏化有较高认可时，情感体验才会更积极、工作绩效才会更出色，而当缺乏认可时，游戏化反而可能会起负面作用。Woźniak（2017）的研究表明，对现行激励机制不满和低风险厌恶的员工更倾向于接受将游戏化解决方案纳入激励系统，同时，中小企业将游戏化方案纳入激励系统应用的主要障碍是缺乏管理知识，与员工是否习惯了正规化的工作程序无关。Koivisto 和 Hamari（2014）研究发现，使用者对游戏化提供的乐趣和实用性感知随着使用时间的推移而下降，这表明游戏化的体验存在新颖效应。Hammedi 等（2021）发现，员工对游戏化的参与意愿可以缓和企业内部游戏化对员工满意度、敬业度和绩效的消极影响。不过，Liu（2017）发现，员工接受游戏化系统的意愿与该系统对工作动机的改善呈正相关，但对游戏化激励与工作满意、运营绩效之间的积极关系没有调节作用。

（三）使用者类型因素

使用者的某种心理或行为导向特征也会影响游戏化激励的效率。例如，Hamari 等（2014）提出，游戏化能够提供积极的效果，然而，这种效果在很大程度上取决于游戏化实施的环境和使用者。Hofacker 等（2016）认为，用户的目标、特征和使用情景因素在故事、机制、美学和技术等游戏元素对用户参与、态度、购买、重复购买、保留等营销结果的激励过程中具有调节作用。Hamari 等（2018）基于某一鼓励运动的应用程序对目前流行的三种典型激励设计方案——游戏化、自我量化（quantified-self）和社交网络进行了比较，研究发现：对激励设计方案的偏好与用户的目标设定和目标属性有关；注重结果的用户对游戏化和自我量化激励设计评价更积极；高提升导向的用户感到游戏化和社交网络设计更重要，低目标回避导向的用户感到自我量化设计更重要；目标模糊的用户不太可能感到游戏化和社交网络设计的重要性，而目标非常具体明确的用户感到自我量化设计更重要；这些结论表明，目标导向和属性不同的使用者对游戏化重要性和积极性感知不同。

Kocadere 和 Çağlar（2018）基于 Robson（2015）模型的研究发现，奋斗者特征和竞技者特征与排行榜、积分和地位等成就类元素积极相关；学习者特征与故事/主题、虚拟角色/身份、任务挑战和内容解锁等沉浸类元素积极相关；社交者特征与团队合作、组队竞赛和搭档等社交类元素积极相关。Tondello 等（2017）基于 HEXAD 模型的研究发现，玩家特征、破坏者特征与徽章、地位、积分等成就类元素显著正相关；乐善好施者特征与利他主义类元素显著正相关。Lopeza 和 Tucker（2019）发现，HEXAD 模型中的六种使用者特征与使用者对游戏元素的感知和任务绩效都存在积极相关关系；在控制住所有使用者特征后，参与游戏化应用交互实验组的任务绩效要高于没有参与游戏化应用交互的控制组；社交者、成就者和玩家三种特征与积分、内容解锁和头像三种游戏元素之间存在消极的互动效应；相比于非游戏化场景，自由精神者、慈善家和玩家特征在游戏化情境下的任务绩效更差；在游戏化场景下，成就者比其他使用者更善于改进任务绩效，而慈善家和自由精神者比其他使用者的任务绩效更好。Srinivason 和 Srinivasan（2020）的研究则表明，在 HEXAD 模型六种使用者类型中，最重要的三个使用者群体是社交者、慈善家和自由精神者，这三个群体特征与网购意愿显著正相关。

第六节 国内企业游戏化应用相关研究

与国外相比，尽管国内对企业游戏化应用最早的学术研究在质量上还欠一些火候，但在时间上算是紧跟步伐。例如，吴清津和王秀芝早在2012年就提出，在工作中引入虚拟角色、反馈机制、竞技规则、游戏故事背景和声誉系统等游戏元素，可以为员工创造良性压力，使在玩游戏的同时完成企业的工作目标，他们还对企业应用游戏化管理要面临的挑战和实施要点进行了分析。林新奇和潘寒梅（2013）对游戏化管理的设计思路，游戏化管理在人力资源管理各个模块的应用，以及游戏化管理开发的若干难点问题进行了分析。杨振芳和孙贻文（2015）在分析国内外推行游戏化招聘典型成功案例的基础上，阐述了游戏化招聘的基本原理、主要形式、特点与优势，以及践行游戏化招聘的基本思路与注意问题。

《人力资源开发》在2016年第1期刊发过游戏化管理专题，共刊登了四篇文章，这在国内经济和管理学领域的学术刊物中是第一次也是目前唯一的一次，这种集中研讨和成果呈现，为国内学者的游戏化研究提供了较好的基础和启迪。其中：

罗文豪等（2016）对游戏化在人力资源管理中的应用进行了理论分析和实践反思，主要体现在以下四个方面：①借用内在动机、自我决定理论、工作特征模型、积极心理学等对游戏化管理应用进行了理论解释；②指出游戏化能够在人力资源管理领域的工作设计、招聘选拔、培训发展和工作激励四个环节进行有效应用；③整合了游戏化管理实践的效应模型，认为游戏化管理实践可以通过提升内在工作动机、提供积极心理和情感体验、舒缓压力、创造密切的合作关系等提高工作绩效、创造力、合作精神、工作投入和工作满意度等工作产出；④提出在游戏化管理的研究和实践中应考虑和反思的问题，例如，游戏化未必适合于所有的企业和工作，游戏化创造的游戏体验也未必能够迁移到工作场景等。这一研究能够为人力资源管理领域的学者进行游戏化应用研究，以及企业管理人员实施应用游戏化提供思路引导。

王泽宇等（2016）收集了天津易方信达科技有限公司实施积分管理的相关数据，并利用内在动力理论和社会嵌入理论，分析了游戏化管理对员工内在动力、网络中心性，以及企业员工个人创新业绩的影响机制。研究结果显示，企业游戏化管理战略可以通过促进员工内在创新动力、个人的网络资源获取和学习能力，进而提升创新业绩。这项研究难得的对游戏化管理的绩效价值进行了实证分析和检验，可惜的是，研究样本中的游戏化管理其实是积分制管理，这种积分制应用只能算是游戏元素的简单应用，甚至国内一些学者将其批评为"套皮式"应用，远远不能体现游戏化的真正应用效果。

冯绚和胡君辰（2016）首先对工作游戏化进行了明确的概念界定；其次针对工作游戏化对员工心理和工作绩效的有效性进行了文献回顾与总结；再次对工作游戏化发挥效用的理论解释如工作设计理论、自我决定理论、心流理论、魔圈理论等进行了详细介绍；最后指出颇具价值的工作游戏化未来研究方向，如检验和识别多种游戏元素的独特作用和边界条件，以及关注工作游戏化的长期影响等。

高超民等（2016）运用扎根理论基于游戏玩家的访谈数据对电子游戏的激励机制进行了质性分析，研究发现，电子游戏的激励来源于其在目标、过程及奖励三方面共19个范畴设定的综合效果。然后，创造性地提出目标设定、过程设定和奖励设定移植入工作场景，可以在工作任务的设计上兼具激励性与趣味性，在工作过程的管理中兼具支持性与发展性，在工作奖励的提供上兼具价值性与灵活性。

此后，国内对企业游戏化应用的研究如雨后春笋般成长了起来。例如，耿天成等（2017）以罗辑思维公司的游戏化管理实践为案例样本进行了研究，认为游戏化的虚拟元素设计可以剥离物质激励手段的一部分信号作用，从而削弱内生和外生动机之间"挤入"与"挤出"效应的联动性，并在整体上调动员工的内在动机。奚楠楠和吴孟（2017）以蚂蚁森林应用、摩拜红包车、华为花粉俱乐部和漫莎莉牛轧糖等为研究样本，介绍了中国情境下几种典型的游戏化营销应用案例。赵忠君和李佳欣（2019）通过梳理游戏化招聘的研究现状和意义，对游戏化招聘的含义进行了界定，对游戏化招聘的有效性进行了剖析，对游戏化招聘的践行思路及推进策略进行了阐述，最后对游戏化招聘的发展前景和实践意义进行总结。

当然最具学术价值的成果莫过于：宁昌会和奚楠楠（2017）对游戏化营销研究进行的文献综述；陈国青等（2020）关于游戏化竞争对在线学习用户

行为的影响研究；杜松华等（2021）关于游戏化如何驱动电商用户绿色消费行为的研究；魏巍等（2022）关于平台工作游戏化对网约配送员工作卷入的"双刃剑"影响研究；以及童泽林等（2023）关于游戏化对绿色消费行为的负面溢出效应及应对策略研究。

其中，宁昌会和奚楠楠（2017）对游戏化营销的产生背景、理论基础、应用领域和概念模型等相关研究进行了比较系统的文献述评，并且阐明游戏化营销方式相比传统营销更有效的原因，最后还对未来研究方向进行了颇具价值的展望。

陈国青等（2020）从"需求—可供性—功能特征"视角出发，基于自我决定理论和心理占有理论，探讨游戏化竞争元素，包括间接竞争（如排行榜）和直接竞争（如一对一的对抗性竞赛或称PK）对在线学习用户行为的影响效果，并利用大规模客观数据构建了一个面板数据集，通过倾向得分匹配加双重差分的计量估计进行了分析，结果表明，游戏化直接竞争和间接竞争对用户的在线学习行为都有积极效应。

杜松华等（2021）基于需求—示能性—特征框架与目标框架理论，利用网络民族志方法获取蚂蚁森林App及其用户的5737条帖子及32817条评论，然后进行扎根理论编码。厘清了游戏化示能性与游戏化元素、功能等技术特征之间的多维度关系，并提出了融合享乐与获益动机主导的短期游戏化驱动路径，以及融合享乐、获益和规范等多重动机主导的长期游戏化驱动路径，最终构建了游戏化驱动电商用户绿色消费的理论框架和具体实现路径模型。

魏巍等（2022）基于资源保存理论和认知评价理论，收集300份三波次数据，运用层次回归与Bootstrap方法，研究发现平台基于算法的工作游戏化设计与网约配送员的工作卷入存在倒U型的影响关系，其中心流体验在工作游戏化对工作卷入的影响关系中具有中介作用，即平台工作游戏化通过对网约配送员的心流体验发挥倒U型影响进而影响其工作卷入。同时，过度劳动可以负向调节游戏化设计对心流体验和工作卷入的倒U型影响，也能够负向调节心流体验与工作卷入之间的因果关系。

童泽林等（2023）设计四个实验研究，发现绿色消费行为中的游戏化设计对消费者后续绿色消费行为倾向具有显著负向影响,即游戏化的负面溢出效应。原因在于游戏化设计所强化的绿色消费行为弱化了消费者绿色目标承诺感知,进而削弱了后续绿色消费行为倾向。同时,引入声誉激励机制有助于增强消费者对绿色目标的承诺感知,从而弱化游戏化设计的负面溢出效应。

第七节　文献总结

对企业游戏化相关研究的文献主要发表于近十年间,说明企业游戏化是一个较新的研究主题。在文献来源方面,国内对企业游戏化的研究尚且稀少,研究成果主要来自国外,尤其是以 Hamari 为核心成员的研究团队对该主题的研究成果贡献颇多。在研究方法方面,经验性研究和理论性研究各有千秋,定性、定量和混合方法都有被使用。在数据获取方面,以评价性访谈为主,也会使用已有的或由研究人员设计的游戏化系统进行实验或统计分析。在研究成果的发表方面,以会议论文和期刊论文的形式发表为主,但游戏化主题相关研究在经济和管理学领域顶级权威的国际期刊上尚未占有一席之地。在研究结果方面,以积极结果为主,基本可以证实企业游戏化应用颇有成效。总体而言,国内企业游戏化相关研究成果无论是研究数量还是质量方面都严重滞后于国外,遑论相关的研究团队和研讨会议。而国外相关的研究成果、研究团队和学术会议等方面虽已初具规模,但仍处于研究的起步探索阶段,尤其在以下五个方面依旧存在较大研究空间:

(1) 缺乏从历史和文化角度对游戏活动和游戏精神等游戏的本质进行追本溯源,对游戏社会和历史意义认识、分析的缺位,限制了对游戏化在后工业社会的意义追寻、人文关怀等方面影响力的深刻思考,导致现有研究鲜少对游戏化激励本质的逻辑起点即人性假设,以及对应的管理逻辑进行深入探讨。

(2) 关于游戏化为什么以及如何被应用于塑造或放大行为条件如满足需

要、供给动机或创造体验，以激励更好的行为绩效，现有的理论基础性研究有限。Seaborn 和 Fels（2015）在其回顾的文献中观察到，大多数论文只是围绕游戏化的定义提出一些经验性知识，没有涉及指导研究的理论基础，理论和应用研究之间存在脱节，因此，缺乏理论讨论被认为是游戏化研究领域的一个公认问题。其中一个原因在于，会议出版物是游戏化研究成果发表的主要渠道。与期刊出版物相比，会议出版物的篇幅通常有限，导致研究内容讨论往往不够全面，且会议论文通常只呈现早期的研究或发展思路。因此，大量的会议出版物对游戏化的理论深度研究产生了一定程度的不利影响。

（3）研究构念还没有实现完全的场景化，导致游戏化理论还没有与经典组织理论如组织行为学、激励理论和后现代管理理论等形成深入对话。例如，游戏体验作为游戏化研究领域的重要构念，如 Robson 等（2014）将其分为观察体验、观众体验、学习体验和表演体验四类；Högberg 等（2019）将其分为成就、挑战、竞争、指导、沉浸、愉悦和社交经历七个维度。显然，工作场景内的游戏化研究需要将这些"游戏体验"具象化和场景化为组织领域的"语言代码"，从而为企业游戏化激励理论研究构建起系统化的分析框架。

（4）采用的研究方法中定量研究的文献成果尤其不足。目前，企业内部游戏化研究以理论研究为主，实证研究文献数量稍逊一筹。在这些实证研究中，研究设计又以实验模拟为主，计量模型构建较少（Ferreira 等，2017）。但这些实验研究设计容易产生一些缺陷，如样本量较小，或缺乏对照组仅仅依赖于使用者评价，或实验时间很短，新颖性可能会扭曲受试者的表现，这些都可能导致研究结论的可信度受到质疑。

（5）现有研究大多聚焦于企业游戏化的激励效果及中介的静态机制研究，但是按照 Elson 等（2014）提出的观点，游戏是高度动态的，通常并不遵循线性结构。Koivisto 和 Hamari（2017）的研究也指出，游戏化研究及其理论概念化应该承认游戏化的动态性和周期性。而现有研究成果中比较缺乏从动态过程视角解构企业游戏化系统运作过程中各构成要素及各自功能、协作关系。

第三章 相关理论

第一节 "游戏人"人性假设

一、赫伊津哈的"游戏人"假设

伟大的哲学家 Bernard Suits 将游戏定义为自愿尝试克服种种不必要的困难。亚里士多德对游戏的定义是劳作后的休息和消遣，本身不带有任何目的性的一种行为活动。现代理论普遍认为游戏是在特定时间、空间范围内遵循某种特定规则，追求精神需要满足的一种社会行为方式。无论是随着计算机和互联网崛起而在工业社会成为主流的、狭义层面的游戏——电子游戏，还是在更广泛层面的以竞赛和嬉戏为主要表现形式、不涉及电子信息技术的广义层面的游戏，如体育运动、棋牌、桌面游戏和密室逃脱等，都属于游戏。

那么，"游戏究竟为什么能够吸引人？"对于这个问题的回答需要回溯到人的本性。历史学家约翰·赫伊津哈是西方国家第一个系统阐述游戏理论的学者，他在 1966 年发表的《游戏的人》（*Homo Ludens*）一书中（此书是游戏研究的经典著作）认为，人类远没有自身以为的那样崇尚理性。因此，当"理性人"假设坍塌时，他并没有追随其继任者——"有限理性人"假设，而是走向了另一条既能满足人的理性追求，又能满足人的非理性需要的道路——"游戏人"，即人类作为一个物种，都是游戏的人。赫伊津哈的游戏理论受席勒游戏理论的影响颇深。席勒认为，只有当人游戏时，他才完全是人。赫伊津哈对其进行了补充，认为游戏是人之必须，但是把游戏解释成本能，又言过其实。"本能说"包含了游戏是一种被动性活动的意味。人们通过游戏活动不仅满足了本能的需要，即放松娱乐的需要，而且发展了自己，使自己更加适应社会。

据此，本书将赫伊津哈"游戏人"的人性假设归纳为以下四点：①人远没有自身以为的那样崇尚理性，即人既有理性追求，更有非理性需要；②人只有游戏时，才完全是人，游戏是人之必须；③人通过游戏能满足本能的娱乐放松需要和主动发展需要；④人参与游戏是自我目的性（self-purposeful）的活动①。

为阐释人为什么是"游戏人"，赫伊津哈首先概括出游戏具有的四个主要形式特征：①自由和真正自主的；②不是"平常或真实"生活所以具有非功利性；③封闭受限且在特定的时空范围内有自己的进程和意义；④创造秩序（规则）。据此，他将"游戏"释义为在特定时空范围内进行的一种自愿活动或消遣，遵循自愿接受但又有绝对约束力的规则，以自我为目的，伴有紧张感、喜悦感，并意识②到它不同于平常生活，能让游戏者热情参与、全神贯注③。他认为，游戏是一种特殊的行为方式，是一种有用意的（significant）功能即能够赋予行动意义，是一种文化现象。

之后，赫伊津哈还在其著作中详细地介绍了游戏的生存和教化功能、生

---

① 尽管麦格雷戈提出的Y理论中提到，"当环境有利时，人们完成工作就像游戏和休息一样自然"，但是Y理论与"游戏人"是完全不同的人性假设逻辑。"游戏人"假定人既有理性追求，更有非理性需要，以及游戏能满足人本能的娱乐和发展需要。而Y理论则假定人本性喜爱工作，并愿意承担责任，通过工作满足人自我实现的需要。不过，"游戏人"假定的人参与游戏，以及Y理论假定的人参与工作，都是属于主动的、自我驱动行为。但是，即便参与工作时像游戏一样自然，人在参与工作时（在相当大程度上）也始终是理性的、严肃的，而参与游戏时则是非理性的、非严肃的（赫伊津哈特别强调，非严肃（non-serious）不同于不严肃（not serious），因为有些游戏形式是严肃的）。

② "只是在假装"和"想象"的意识。

③ 这个概念界定基本可以囊括动物、儿童与成年人中所谓的"各种游戏"。

活和文化功能,并论述了法律、战争、知识、诗歌、神话、哲学甚至当代文明的游戏要素,并得出结论:真正、纯粹的游戏是文明的重要基石之一,文明是在游戏中并作为游戏产生发展起来的,文化本身就具有很多游戏要素,游戏是文化中的固有成分,游戏与文化彼此渗透交融,正是游戏与文化之间的这种渗透交融关系使得人的本性始终是"游戏人"。

此外,本书还从游戏的属性特征与人性本质之间的关系角度进行了补充论述,以期为赫伊津哈提出的"游戏人"人性假设提供更全面深入的论据支持。游戏主要具有三种属性特征:行动探索性、文化表征性和意义媒介性。与人性假设有关的对人性本质的界定也主要有三类:动物人,即认为人是一种由内在需求驱动的动物;文化人,即认为人是一种符号的或文化的动物;意义人,即认为人是一种寻求意义的动物(章凯,2003)。三种游戏属性和人性本质之间一一对应。

二、游戏的属性特征与人性本质的契合

(一)游戏的行动探索性与人"动物性"本质的契合

人是一种由内在需求驱动的动物。马斯洛在《人类动机理论》和《动机与人格》中指出,人的需要具有本能的生物基础,生物性或动物性是人的本能。人类毕竟由猿进化而来,即使是被工业文明洗礼过的现代人,也仍然会在某些地方保留着动物性。这也正是为什么比较动物学家戴斯蒙德·莫里斯(Desmond Morris)称,现代社会特别是城市是一个"人类动物园"。人是自然界的一部分,不可能完全摆脱自然动物性,人的行为不论多么具有社会属性,动物本能的欲念、冲动、探索、挑战和冒险,以及对生存和安全的需要等,依旧常常是人类行动的内在动力。人的动物性本能是构成人性系统最基础的自然属性。

分析心理学家安东尼·史蒂文森曾将沉睡在每个人大脑最古老部分的集体潜意识誉为"二百万岁的自性",解释了古老祖先的记忆是如何在漫长的遗传过程中以集体潜意识的方式代代相传,又是如何通过神话、仪式和宗教影响到现在的生活。而游戏就是被设计为装载着与先祖时代类似的虚拟世界,

像神话故事那样，试图唤醒人类潜意识中关于狩猎采集的记忆，并激活和利用这种狩猎采集精神，将其转化成在游戏虚拟世界中活动时的游戏精神（刘梦霏，2018）[1]：一种实现存在的意义，释放自己能力的精神；主动采取行动，结成社群，积极探索的精神；开动脑筋，挑战极限的精神。因此，游戏活动也被设计成了充满乐趣的挑战和社交活动[2]。

莫里斯在对猿类与人类的一系列实证比较研究之后也指出，游戏本质上是一种探索行动，镌刻于人类动物本性之中。在人类社会早期，就像在猿猴群体中一样，游戏是学习技能、结成社群的主要方式。其他具有等级制社会关系的动物群体如狼群或狮群，它们在群体中的地位高低、与群体中其他成员交往的技能、学习捕猎的技能等，都是通过无数次扑来咬去，滚作一团的游戏奠定的。人类现有的文明社会所依赖的许多重要的社会制度，在最开始时都是游戏，许多科学技术也是自游戏竞赛中诞生。例如，1800年，为解决战争时期的食品储藏问题，拿破仑决定悬赏12000法郎寻求解决方案，一位巴黎糕点师发明了"在封闭的容器中加热食物"方法并赢得了大奖，而这项技术与今天的罐头食品工艺极其相似。

---

[1] 刘梦霏（2018）认为，追根溯源可以发现，游戏虚拟世界，尤其是以《魔兽世界》为代表的网游所呈现的虚拟世界，与古老祖先生活的狩猎采集时代存在相似之处。相似之处还体现在冒险/战斗之后所能获得的成长性奖励。和先祖的活动类似，玩家在游戏中的每一个举动，都不仅能造成肉眼可见的改变，这种改变能使玩家更强大。例如，在现实世界，狩猎野猪之后，狩猎采集者能够得到肉，整个部落因此能够补充蛋白质，在体格上变得更加强壮，有助于以后更好地进行狩猎；而在游戏世界，通常猎杀野猪之后，玩家能够得到经验或权限，这些经验或权限累积起来能够使玩家升级，有助于完成更艰难的挑战。尽管获得的奖励不同，但这两者确实都在冒险或挑战中得到了能够促进自己成长的反馈。因此，游戏活动其实是对人类在远古时代就具有的狩猎采集精神需要的一种唤醒、利用和满足。

[2] 游戏通过模拟和交互构建出一个可以让玩家深度参与的虚拟世界，这种模拟性和交互性使游戏成为一场娱乐导向的挑战和社交活动。例如，《俄罗斯方块》就是一款典型的无限挑战游戏，玩家们都想挑战自己最终能够达到多少关。《植物大战僵尸》的玩家需要通过不断地优化资源分配策略以应对不断袭来的僵尸挑战，这类单机离线游戏的社交性体现在游戏会展示其他优秀玩家的分数、记录等作为参照，以刺激玩家不断挑战。《动物森友会》是一款典型的社交游戏，玩家可以和游戏世界中的邻居、房东、婆婆和狸克等角色进行玩耍、互动和交易，还可以和拥有自己想法和性格的小动物交朋友；虽然不像生存游戏一样需要不断过关斩将，但玩家还是会主动去挑战赚取更多的钱来买房子、买家具。棋牌类游戏的玩家都想挑战比其他玩家赢得更多次数，赢的方式更加刺激，同时也是和其他玩家联络维持感情的社交活动。体育运动游戏本身就是对人类体能极限的挑战，各种体育赛事也是同行玩家之间的社交活动。

总之，游戏的行动探索属性符合人作为动物的本能，游戏对人的吸引力源于人的动物性本能。正如赫伊津哈所言，人类的天性就是在游戏中理解世界和设计世界，游戏因此成为了一种认知活动（Gee, 2007），一种娱乐、建立关系、训练技能甚至是生存的工具，游戏活动和游戏精神在本质上具有驱动人类文化和文明进步的作用。

(二) 游戏的文化表征性与人"文化性"本质的契合

德国哲学家卡西尔（Ernst Cassirer）于 1944 年出版的《人论——人类文化哲学导引》一书中，提出了一种新的人类本质界定：人是一种符号或文化的动物，人类并非生活在一个单纯的物理宇宙中，而是生活在一个符号宇宙中。这一符号宇宙即人类社会的各种文化现象，包括语言、神话、宗教、艺术和科学等。人在文化面前并不是被动的，人会主动地选择性吸收自己所需要的文化，建构个性化的人格结构。

随着人类在智力、文化和技术等方面取得巨大成就，动物本性得到一定控制，文化占据主导地位之后，游戏活动又是怎么被流传下来的？事实上，游戏活动和游戏精神从农业时代起就一直以另一种形态存在于人类文化之中。赫伊津哈在《游戏的人》中解释道："游戏性质的竞赛精神，作为一种社会冲动，像真正的酵母一样渗透在一切生活领域。仪式在神圣的游戏中成长；诗歌在游戏中诞生，以游戏为营养；音乐舞蹈则是纯粹的游戏。战争的规则、高尚生活的习俗，全都建立在游戏模式之上。"伦敦奥运会遗产公园、巴塞罗那当代艺术博物馆、纽约市的总督导和高线公园，都是游戏比赛的产物。被烧损的巴黎圣母院也通过一场游戏竞赛向全世界的建筑设计师们发出了重建邀请。

游戏能够反映文化，很容易抓住一个社会的核心特点，所以，游戏可以作为理解一个社会活态史料的基础。例如，斗兽场之于理解古罗马；哲学游戏、思维游戏之于理解古希腊；琴棋书画对于认识中国古代文化的种种抽象理念；麻将对于揭示中国人对于社交与竞争的理解；流行的手游《王者荣耀》也能揭示出现代人在资源匮乏的世界中竞争与合作的社交状况与社会缩影。总之，游戏的文化表征属性正好契合于人的"文化性"本质，因此，人类主动地从文化中汲取、拥抱甚至发展了游戏活动和游戏精神。

（三）游戏的意义媒介性与人"意义性"本质的契合

柏拉图说，人是寻求意义的动物，对一切行动都提出意义性要求，人无法忍受无意义的生活，人类的各种文化都是寻求意义、创造意义的努力；文化正是通过它所寻求和创造的意义来引导人的追求，培育和发展人自身的主体性（秦光涛，2000）。弗兰克的人格理论也强调意义的重要性，在弗兰克来看来，缺乏意义的生活就是神经病，他把这种状态称为意向性神经病，这种状态的特点是缺失意义、缺失目标和空虚。

麦克卢汉在1964年的《理解媒介》一书中提出："游戏是心灵生活的戏剧模式，是如迪士尼乐园般人为的天堂/乌托邦幻景，我们借此补足日常生活的意义。"游戏可以建立联系，游戏中的行动可以造成改变，赋予行动意义，而这种意义，正是被机械化、流水线化和数字化的现代生活所剥夺了的。在各式各样的游戏中，特别是在强叙事的电子游戏之中，意义存在于电子游戏的叙事蓝本中，是推动玩家动机和目的的原动力。电子游戏以一种数字媒体的形式，推动内容议程在虚拟的时空关系中构筑意义空间，并以此塑造出虚拟的社会关系。玩家通过模拟、表演与移情等，将游戏中的强反馈带回到现实中，从而获得一种令人满足的意义感。由此可见，游戏是一种意义媒介，是基于玩家主动性，在特定时空中进行的由规则指引的意义系统，这种意义媒介性与人的"意义性"本质相契合，正好能够满足人类对于意义性的追寻。

第二节　情境观理论

情境观（situational perspective）将个体理解为社会建构的多个、部分重叠的意义系统的一部分，通过考察个体所处的情境，试图回答"人们为什么要做他们所做的事"（Greeno，2015）。威廉姆·托马斯和欧文·戈夫曼是开创和发展情境观理论的主要代表学者。在电子信息环境下,约书亚·梅罗维茨将戈夫曼的"情境"概念进行了拓展,故本书主要介绍托马斯、戈夫曼和梅罗维茨三位代表人物的情境思想。

一、托马斯的情境思想

存在主义哲学大师 Sartre 指出,人类"首先是情境中的生物"。Myers 在 2005 年发表于《社会心理学》导言中引用家喻户晓的童话"灰姑娘"的故事指出,当盛气凌人的继母出现时的那个温顺而不起眼、战战兢兢的灰姑娘与王子在舞会中遇到的那个美丽出众、神采飞扬的灰姑娘可谓判若两人,"因而我们不得不承认情境所具有的魔力"。但是,长期以来,情境一直被作为学者们获取经验材料的产地和背景因素,作为发现社会本质和规律的桥梁和跳板,但对情境本身的理论意蕴,却未能给予足够的关注。

威廉姆·托马斯(William I. Thomas)最早将"情境"从纷繁复杂的社会学概念体系中提取出来作为独立的研究对象,并形成较大影响的理论洞见,是开创情境观理论的先驱人物。托马斯将实用主义哲学和教育学的理念与西方个人主义思想传统相结合,提出著名的"情境定义"。杜威的实用主义哲学认为,人的内在智识是一个不断对环境做出适应性调整的过程,其主要的特征是通过对环境中客体的定义去确定自己的行动路线。而个人主义则意味着人们自己设计自己的生活,自己做出对情境的界定。在此两者基础上,Thomas(1927)提出,在任何自决的行为之前,总有一个审视和考虑的阶段,称为"情境定义",如果人们将情境定义为真实的,那么它们就会产生真实的效果。而且,不仅具体的个人行为,人们一生的策略和个性都会遵循一系列这样的定义。之后通过罗伯特·默顿(Robert K. Merton)等许多社会学家的进一步阐述,它成为广为流传的社会学定理,即"托马斯定义"(The Thomas Theorem)。

托马斯的"情境定义"秉承了符号互动论的传统,重点放在"定义"上,强调的是人们内在智识参与社会建构的过程,人们赋予情境的意义决定随之发生的行为及其结果,行动者不仅对情境的客观意义(物理特征)做出反应，也感知并应对情境中的主观意义。因此，行动者基于情境定义做出的情境诠释，是情境对行动造成影响的关键，因为行动者是依据自己对情境的解释来调整行为。基于此，托马斯提出，互动应该在传统认知的刺激—反应模式中，加入个体的内部诠释过程，即刺激—诠释—反应模式。

二、戈夫曼的情境思想

社会理论家和民族志学者欧文·戈夫曼（Erving Goffman）是20世纪后半叶美国社会学的领军人物之一。戈夫曼认为，面对面互动是社会生活的必要构成，也是社会学的重要研究内容，他以互动秩序作为毕生的研究主题。与同时代的很多社会学家不同，戈夫曼还强调社会行动的情境性特征，情境居于其研究的核心。例如，在《收容所》（Asylums）中，戈夫曼其实探讨的是精神病人的情境，认为精神障碍的症状是情境失当之表现；在《公共场所的行为》（Behavior in Public Places）中更是探讨一般意义上的情境。此外，拟剧论、框架分析、互动博弈分析等都是在情境的框架下展开的。因此，可以说，戈夫曼是发展情境观理论最重要的核心人物。

Goffman（1964，1983）将情境视为互动秩序的基本运作单元，情境是自成一体的社会事实，它不再是附属性的、背景性的或无关紧要的要素，它本身构成可以进行独立分析的对象[①]。在戈夫曼的社会学里，"情境"是指这样一种整体性的空间环境，个体进入它内部的任何地方都会成为（或即将成为）在场的聚集之成员，情境始于参与者发生相互监视之时，并一直延续到倒数第二位参与者离开。互动参与者通过举止和外表等时刻进行着信息交换，正是可广泛获得的沟通途径以及控制这种沟通而产生的规则，将原本仅仅是物理性的区域转换成具有社会学意义的实体场域，即情境。因此，可以认为，情境是由两个或两个以上的人之间面对面的互动和信息交换构成。它至少具有以下三个特征：一是物理空间；二是存在两个或两个以上的个体；三是共

[①] 以米德和布鲁默为代表的符号互动论是戈夫曼情境思想的主要理论来源之一，这一点在学界几乎没有争议。但是情境观与符号互动论不同，其核心区别在于：符号互动论中的情境是后设的，它由即兴的互动生成，也即情境是互动过程之产物；与之相反，情境观中的情境则先于互动，它通过参与者的文化期待形塑互动过程。因此，符号互动论没有将情境作为互动的核心变量进行探讨。

同在场,彼此之间能看得见或听得见。

情境互动依赖于意义共享的符号载体及其产生的促成性约定的承诺或运作共识,这种"承诺或运作共识"即为框架。情境是相互监控的场域,人们在情境中进行各种沟通与互动,利用表情、身体以及情境材料在更大的框架内调控自身,呈现自我肖像,向他人表明自己的身份以及当下的意图和感受。框架是对"当下正在发生什么"的理解,Goffman(1986)在其《框架分析:经验组织论》一书中提出系统的框架理论,他认为,个体用框架来诠释事物的首要、最本源的视角或解释图式,是它们使原本无意义之物变得有意义。框架分析阐明了行动者对日常经验的理解是如何被结构化的,当对特定情境中发生的适当行为达成普遍共识时,就产生了"框架型构"(frame alignment),进而形成互动秩序。框架是一种社会性的先赋和文化定义,它通过互动得以维持。框架概念将更多的细节带入情境之中,情境并非是无法解释或理所当然的,它们能够通过详细考察其周围的框架而得到阐明。情境结构由多层的认知框架和互动仪式构成。

互动者将情境中的框架以及共享的符号意义结构化,以形塑他们共享的主体间的社会经验,称为情境定义。行动者处于充满意义的情境,这种"意义"不是直接源自互动发生于其中的情境,而是来自"对互动的促成性约定之承诺"。情境中的个体会不断地通过互动生产即时的、权宜性的规范或对规范重新进行阐释,它是一种互动式达成,会让互动者主动地定义情境、编织意义并做出相应的行动,因此,情境定义影响着个体的行动取向。当然,行动者的认知阐释框架并非是静态的归类,而是动态演变的。互动者在相互作用下不断地进行认知调适,即在情境互动过程中不断地进行情境定义,以维持理想的情境定义。同时,情境具有外部性和强制性,能够引起"社会结构效应",让互动者对情境中位置的改变迅速做出适应性行为。

简言之,戈夫曼情境思想的核心概念是情境定义和框架,论述逻辑是"面对面的具体情境—情境定义—行动",即当一个人出现在另一个人面前时,便形成了情境,然后,人对这样一种情境产生情境定义,并据此作出反应和行为。情境定义是对情境内一切存在和不存在的进行主观性判断和定义,其内容包括角色、任务、目标、出场人的特征以及对其他参与者的看法等。人们在面对具体情境时，会在一定的框架之内进行情境定义并作出反应，这些框架包括特定的承诺、共识、规则和规范等。总而言之，戈夫曼其实是在研究和论证"人们在什么样的框架内进行着什么样的行为"。

三、梅罗维茨的情境思想

提出媒介情境理论的约书亚·梅罗维茨（Joshua Meyrowitwz）（2002）在其博士论文《消失的地域》中提到，在电子信息环境下，情境不再取决于"我们在哪里""我们和谁在一起"，而是能产生信息流通的任何情况；"地点和媒介同为人们构筑了交往模式和社会信息传播模式……地点创造的是现场交往的系统，而其他传播渠道则创造出许多其他类型的情境。"梅罗维茨将戈夫曼的"情境"概念拓展为"信息系统"，在面对面的地点情境外，补充了电子情境以及综合了电子情境和地点情境的混合情境。

梅罗维茨情境思想的大致论述思路是"新媒介—新情境—新行为"，即电子媒介产生了新的"情境"，新情境的产生要求行动者采取新行动。其中，"情境"概念，确切地说是"电子情境"概念是其核心概念。梅罗维茨的论述重心是"电子媒介通过形成电子情境而产生了怎样的行为影响，及何以产生"。在此，梅罗维茨运用"情境"作为一个视角。他从情境的视角来考察媒介影响，通过考察具体的新情境中什么样的人接收信息、接收了怎样的信息、新的信息获取模式与传统情境下的差别多大等，得出新情境何以产生影响。

梅罗维茨用"情境"替换"信息模式"在信息技术革命背景下具有创新意义。但需要强调的是，地点创造的情境要拓展至电子媒介创造的情境，还需满足一个条件，即电子情境或混合情境中的角色关系也是互动关系。按照梅罗维茨对"情境"的定义，应用于大量线上和线下互动的企业游戏化信息系统，创建的是包含地点情境和电子情境的全新混合情境。同时，这种混合情境也完全具备戈夫曼所强调的互动性，因此，企业游戏化信息系统所创造的情境也适用于托马斯和戈夫曼的情境思想。

第三节 其他主要相关理论

一、心流理论

大量的游戏化相关研究都是以心流理论（Flow Theory）为理论基础。该理论由心理学家 Csikszentmihalyi（1990）提出，他将心流定义为人们沉浸于当下着手的某件事情或某个目标时，全情投入并享受其中而体验到的一种令人满意和愉悦的精神状态。并且，他还认为心流能够带给参与者最佳体验，这种体验十分令人兴奋以至于参与者忘我和感觉不到时间的变化，即便付出代价也想要继续沉浸其中。根据各种不同的挑战感和技能/能力水平高低可以分出八个区，分别是心流、控制、放松、无聊、冷漠、忧虑、焦虑和激励（见图3-1）。

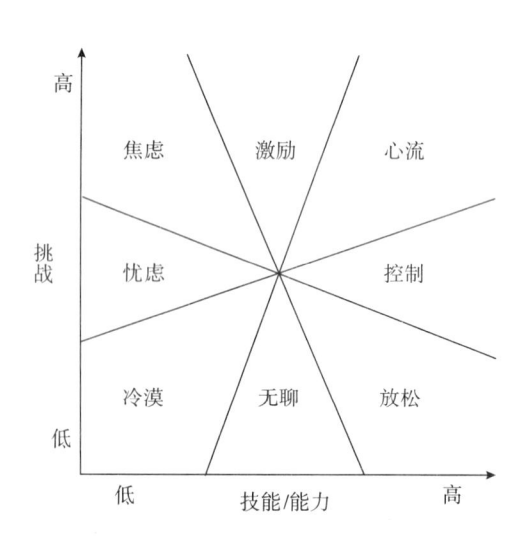

图3-1 心流区域

资料来源：根据 Zichermann 和 Linder（2013）的文献绘制。

McGonigal（2011）认为，心流在日常生活中很难得到满足，但是在游戏类活动中却很常见。心流理论不仅解释了游戏能够对玩家产生强烈吸引的原因所在，而且完美地对游戏化激励所希望达到的最理想参与体验进行了清晰地描述，还为实现心流体验的游戏化精心设计提供了参考[①]，毕竟这些体验是传统激励工具较难实现的。

心流理论指出，能够引发心流体验的活动应该具有以下全部或部分特征：可完成的任务、清晰的目标、及时充分的反馈、主控感、能深入而毫无压力的投入行动，而游戏恰好具备实现心流状态的几乎全部特征。因此，为使用者提供心流体验成为许多游戏化系统设计者的目标，例如，Sweetser 和 Wyeth（2005）利用心流理论的框架建立了游戏心流（game flow）模型，用以描述游戏带给玩家的愉悦体验，具体包括专心、控制、沉浸、挑战、反馈、清晰目标和社会互动等。Hamari 和 Koivisto（2014）检验了最常被应用的心流测量工具 DFS-2 在游戏化系统的有效性，结果表明，在游戏化背景下，目的性体验、技能和挑战的平衡、控制、明确的目标和反馈等更容易引发心流体验。而心流体验可以促使在线用户形成积极的态度，从而提升用户参与在线社区的偏好和用户忠诚度（Harwood 和 Garry 等，2015；Hamari 和 Koivisto，2014）。

二、自我决定理论

自我决定理论（Self-Determination Theory）也是游戏化研究最常用的心理学理论之一。由 Deci 和 Ryan（1990）提出的自我决定理论研究个体行为的自我激励或自我决定程度。该理论详细阐述了有效的外部环境通过促进内部动机及外部动机内化进而驱动个体有效行为的机理过程，揭示了外在干预激活个体有效行为的多条路径。依据自我决定理论，满足自主、胜任和关系三种心理需要的信息性的外部环境能够影响个体的工作动机进而驱动员工的有效工作行为。图 3-2 简单地概括了信息性的外部环境对工作动机和工作结

[①] 心流理论强调的任务难度和任务技能匹配能够为游戏化设计提供参考，游戏化设计者在激励使用者时可以根据其技能和挑战水平，随着使用者获得的经验而缓慢地提高挑战级别以保持心流状态。

果影响的全过程。

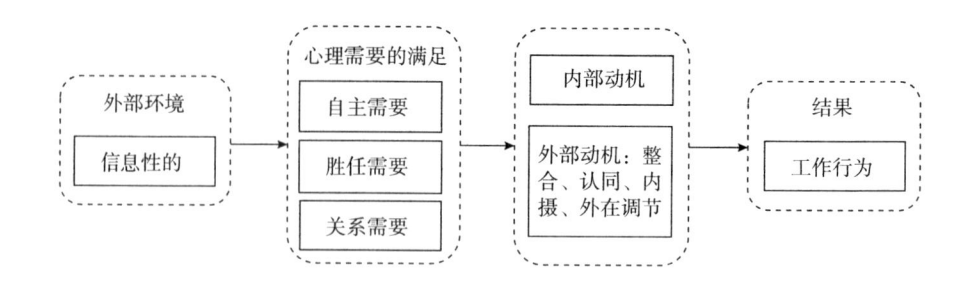

图3-2 外部环境对个体行为影响的因果路径模型

资料来源：根据张剑等（2010）的研究成果整理。

自我决定理论提到的三大基本需要与心流理论存在相通之处。Csikszentmihalyi（1990）也强调自主性，他认为由自主选择的目标、个人优化的障碍和持续的反馈构成的游戏结果所驱动的心流状态最可靠和高效。胜任需要和任务技能与任务挑战之间的平衡类似。用自我决定理论解释游戏化激励原理的学者认为，游戏化之所以能够产生激励作用，是因为游戏化可以满足个体的三大基本心理需要而且这种满足具有即时易得性、高确定性和密集性（Rigby和Ryan，2011）。

基于自我决定理论使用游戏化进行激励的基本逻辑是，将游戏设计元素运用到任务场景中，通过满足使用者的自主、胜任和关系三大基本心理需求驱动内在动机，从而产生有效的心理和行为结果。相对于传统激励要素而言，自我决定理论可以帮助识别多种游戏元素的特定激励功能和效果。例如，徽章、点数、排行榜等基本的游戏元素可以通过可视的界面，让使用者知晓自身能力的提升，看到自己对企业或者品牌做出的贡献，满足使用者的胜任需要；游戏的设计思维就是给予使用者极大的选择权，让他们自主选择迎接挑战、获取机会和资源等，满足使用者的自主需要；此外，使用者还可以通过互动、分享、竞争、合作等元素与其他使用者建立关系，满足关系需要。

当然，游戏化还与外部动机有关，它适用于内部动机无法发挥作用且本质上并不那么有趣的事情。根据自我决定理论，人类天生会进行一种积极的自我调节，会将外在自主性动机自我整合为内部动机。例如，将点数、积分、排行榜等游戏组件元素与挑战、合作等游戏机制结合时，便可能使外部动机内部化（Bittner 和 Schipper，2014）。因为，虽然用户可以视点数、积分和排行榜为外在的奖励机制，但却可以在一定程度上吸引用户炫耀自己（宁昌会和奚楠楠，2017）。

三、目标设定理论

目标设定理论认为目标本身具有激励作用，能将需要转变为动机，使人的行为朝着一定的方向努力，并将自己的行为结果与既定的目标对照，及时进行调整和修正，从而能实现目标（Locke 等，1968）。目标设定是游戏化的关键激励策略，即通过设置目标结构，有目的地引导使用者的动机和参与。因此，目标设定理论（Goal Setting Theory）可以帮助解释任务挑战、积分、徽章、排行榜和等级等诸多游戏元素在游戏化激励系统中的作用。例如，最常见的两种游戏元素——积分和排行榜的应用都可以解释为非最优目标设定策略。尽管如果单靠积分来跟踪成绩，就没有具体的目标可追求，但使用者可以自主决定什么样的分数目标值得追求；类似地，排行榜也可以显示多个可供选择的潜在目标，会先激励使用者达到其中一个目标，然后通过减少排行榜上的期望目标与实际排名之间的差异来调节自己的行为，直至达到预期目标。这种诱导个体自我调节和自主设定目标的策略，能够比传统的目标设定更微妙地改变个体行为（Richard 等，2015）。

虽然这些理论在解释游戏化激励效果时具有天然的优势，但也都存在一定程度的弊端：心流理论常被用于解释游戏化能够为个体创造类似心流体验的研究（Hamari 和 Koivisto，2014；Eppmann 等，2018），但该理论更多地适用于游戏研究，毕竟在大部分游戏化具体应用场景内都很难令参与者真正达到全情投入和忘我的心流状态；目标设定理论主要被用于解释游戏化能够利用目标设定机制提升个体任务绩效的研究，但是这些研究犹如管中窥豹一般，主要聚焦于少数具有明确目标导向功能的游戏元素，却忽视了其他单纯具有社交和娱乐等功能的游戏元素（Mullins 和 Sapherwal，2020）；自我决定理论经常被用于解释游戏化能够满足个体的自主、关系和胜任三大基本心理需要的研究（Xi 和 Hamari，2019），但却过分强调个体间的一致性，尤其是个体在游戏化场景内主观意识的被动性。

此外，如表3-1所示，多学科的理论如社会比较理论、前景理论、最佳刺激理论等都被不同研究领域的学者们用以解释游戏化在各种应用场景的激励机理，但也由于单一的学科视角限制了理论对游戏化现象的解释力。例如，管理激励领域的工作特征模型也可以被用于解释游戏化能够改变工作任务特征进而改善员工对工作任务的态度和行为的研究，但其解释范畴仅仅局限于工作场景，更重要的是，工作特征模型中的心理状态概念并不能表现出游戏化所提供的心理体验的独特性。

表3-1 游戏化研究的多学科理论视角

学科视角	理论基础
心理学	自我决定理论（Self-Determination Theory）、心流理论（Flow Theory）
管理学	目标设定理论（Goal Setting Theory）、工作特征模型（Work Characteristic Model）
社会学	社会比较理论（Social Comparison Theory）、社会影响和规范（Social Influence & Norms）、情境思想（Situative Perspective）
行为经济学	前景理论（Prospect Theory）、双曲线贴现率（Hyperbolic Discounting）
新古典经济学	代理理论（Agency Theory）
信息系统学	媒介特点（Media Characteristics）、社会认知理论（Social Cognitive Theory）
市场营销学	最佳刺激（Optimal Stimulation）、S-O-R 模型

资料来源：根据 Liu 等（2016）的文献整理。

第四节 理论述评

对员工和用户的管理在本质上都是对人的管理，对人的认识即人性假设，是企业管理思想的逻辑起点和理论基石。管理中人性假设是管理者对人的本质、需要和态度等的基本认识和看法，其核心是人行为的动力来源、结构及其与行为的关系问题。西方管理思想的人性假设主要经历了"经济人""社会人""自我实现人""复杂人"和"文化人"等，其发展是一个逐渐向人性本质回归的演进过程。尽管如此，它们都未超越将个体看作一个构造精细的特殊工具、提高生产效率和企业利润目的的手段，并没有将人真正视为有尊严的主体。而游戏的最核心属性就是"自我目的性"（self-purposeful），因此，"游戏人"假设能够更好地尊重人的主体性、发展人的能动性、释放人的创造性。然而，在现有游戏化研究的相关文献中，鲜少有涉及探讨与游戏和游戏化相关的人性假设问题。尽管 Hamari（2013）在文章标题里提到"从经济人向游戏人的转变"（Transforming homo economics into homo ludens），但正文论述中没有再提及。Bozkurt 和 Durak（2018）的文章中也简短地介绍了"游戏人"，但并未展开讨论。

用于解释游戏化激励效应的基础理论主要有心理学领域的自我决定理论和心流理论，以及企业激励领域的工作特征模型[①]和目标设定理论。但这些理论解释都存在一定程度的弊端：心流理论常被用于解释游戏化能够为个体创造类似心流体验的研究（Hamari 和 Koivisto，2014；Eppmann 等，2018），但该理论更多地适用于游戏研究，毕竟在大部分游戏化具体应用场景内都很难令参与者真正达到全情投入和忘我的心流状态；自我决定理论经常被用于解释游戏化能够满足个体的自主、关系和胜任三大基本心理需要的研究（Xi 和 Hamari，2019），但却过分强调个体间的一致性和主观意识的被动性；工作特征模型可以被用于解释游戏化能够改变工作任务特征进而改善员工对工作任务的态度和行为的研究，但其解释范畴仅仅局限于工作场景，仅针对企业内部游戏化，更重要的是，工作特征模型中的心理状态概念并不能表现出

[①] 工作特征模型强调工作特征和员工心理、行为之间的相互作用，旨在揭示工作本身是如何产生激励效应和提升工作满意度的。游戏化系统中的大部分游戏元素都与工作任务直接相关，因此，工作特征模型可以作为游戏化能够产生激励效果的理论解释。游戏元素通过改变工作特点来实时奖励和激励员工，增强员工的积极工作体验，实现员工的自我奖励和自我激励。游戏化实践也拓展了工作特征模型，游戏化使得工作趣味性也成为工作设计中不可忽略的核心工作特征。

游戏化所提供的心理体验的独特性（Cardador等，2017；Suh等，2017）；目标设定理论主要被用于解释游戏化能够利用目标设定机制提升个体任务绩效的研究，但是这些研究犹如管中窥豹一般，主要聚焦于少数具有明确目标导向功能的游戏元素，却忽视了其他单纯具有社交和娱乐等功能的游戏元素（Groening 和 Binnewies，2019；Landers 等，2017；Mullins 和 Sapherwal，2020；Tondello等，2018）。

社会学领域的情境视角，既可以俯瞰游戏化系统的轮廓全貌，又可以强调人的情境性和主观能动性，并且，情境观理论聚焦于个体在局部活动中的互动和意义建构，为通过社会建构的身份、地位和规范等解释动机来自何处、动机如何运作以及如何干预方面开辟了新的视角，正成为激励理论最新的发展方向之一。例如，Nolen（2020）、Hattie 等（2020）、Wigfielda 和 Koenka（2020）都对动机理论的情境转向进行了详细论述；Ecclesa 和 Wigfield（2020）从动机的发展、社会认知和社会文化角度将期望价值理论拓展为情境期望价值理论。遗憾的是，在现有游戏化相关研究文献中，鲜少有提及情境观理论，故缺乏可供参考引用的成果[①]。

综上所述，本书将基于"游戏人"人性假设，主要以情境观思想为主理论以解释企业游戏化对用户和员工参与的激励机制，同时辅以心流理论、自我决定理论和目标设定理论，以提高解释力度。

[①] 仅发现 Tang 等（2020）提及游戏化有助于激励使用者接纳场景性的成就目标（contextual achievement goals）。

第四章 企业外部游戏化对用户参与的激励机制研究

第一节 问题提出

为吸引用户参与,越来越多的企业成立了自己的在线品牌社区,意图与用户建立长期互动合作关系。因此,在线品牌社区成为企业吸引用户参与的最主要平台,也是企业外部游戏化的主要应用场景。在线品牌社区结合了网络社区和传统品牌社区的特点,是以网络为媒介,社区成员共同的品牌偏好为基础、社区成员对社区的归属感为纽带而形成的一种社会关系形态(李朝阳等,2014)。在线品牌社区作为企业与用户交流的平台,能够促进用户与用户之间、用户与企业之间、用户与品牌之间、用户与产品之间的自由互动,既有助于增强用户对品牌的情感和忠诚度,又可以为企业提供用户反馈信息,实现用户参与创新,对于企业的用户关系管理、品牌忠诚、关系营销、品牌战略和开放式创新等具有重要的价值(Hajli等,2017)。

但现实是,只有少数在线品牌社区获得了成功,大量企业投资建立的在线品牌社区结果都收效甚微。众多在线品牌社区都存在用户参与不够、活跃性差等问题,导致只有少数在线品牌社区能够存活下来。例如,按照黄维和赵鹏（2016）的一项统计，大多数社区的用户参与行为表现为"90%—9%—1%"的局面，即在所有参与行为中90%的用户只进行阅读行为，9%的用户会较低频率地参与社区活动，只有1%的用户会进行信息生产和内容贡献。由此可见，在线品牌社区想要实现应有价值，基本条件是吸引社区用户的持续参与和内容贡献，但是，它是一种自愿性组织，社区成员自由参与、流动，所缔结的关系具有不稳定性和虚拟性，导致在线品牌社区普遍面临用户参与度低的问题（廖俊云等，2019）。因此，提升在线品牌社区用户活跃度、吸引用户持续参与始终是实业界和学术界共同关注的话题。

营销领域的学者对激励用户参与的措施及效果进行了探索，研究发现，利用领先用户创新法、用户创新工具箱，以及积极的知识转移、辅助用户完成创新过程并建立交互平台等是有效的激励措施（Daghfous 和 Ahmad，2015；Schweisfurth，2016；Brem 等，2018）。经济性奖励对参与贡献的激励效果也显而易见，直接提供经济性奖励如金钱奖励、产品折扣和优惠券等，可以提高用户的参与度（Garnefeld 等，2012）、贡献频率（Sun 等，2017）和内容丰富性（Qiao 等，2017），但质量却可能参差不齐（Cabral 和 Li，2015），尤其是对内在动机和利他主义的挤出效应不容置否（Sun 等，2017；秦芬和李扬，2018）。不过，采用经济奖励和社会准则的联合激励方式可以降低金钱对内在动机的挤出效应（Burtch 等，2017；Aaltonen 和 Seiler，2016）。Brabham（2012）认为，参与者的内在动机（学习、乐趣、自我肯定等）比外在动机（金钱、报酬等）更能影响参与者的行为。例如，通过显示状态标记、公开贡献者信息、提高贡献值等可视化声誉和名望可以显著增强用户参与的积极性、内容的客观性和有用性（Oh，2012；Levina 和 Arriaga，2014）；积分系统和排名系统可以凭借获得积分和提升排名的灵活规则产生目标梯度效应和竞争效应（VonRechenberg 等，2016；Shen 等，2015）。这些研究为企业外部游戏化对用户参与的激励效果研究提供了坚实的基础，但遗憾的是，营销领域的研究大多都仅仅聚焦于最基本、激励效果有限的积分、排名和竞争等简单游戏元素，对游戏化的作用机制也缺乏深刻的认识。

从对企业外部游戏化激励用户参与相关研究的文献回顾可以发现，企业外部游戏化可以通过增强用户参与动机、满足心理需求和提供积极体验等，进而提升用户对品牌和产品的情感态度，增强购买意愿，促进口碑传播和内容贡献等（Kuo 和 Chuang，2016；Hsu 和 Chen，2018；Tobón 等，2019）。此外，也有学者对游戏化系统的激励过程进行了研究，如 Bui 等（2015）构建了"游戏化系统—使用者与系统交互—即时结果—长期结果"模型，Landers 等（2018）构建了"游戏设计过程—游戏系统特征—使用者游戏体验—使用者行为改变—系统层面的改变"模型，Leclercq 等（2017）构建了"游戏设计—使用者资源和动机—游戏参与—实现体验价值"模型。

这些研究成果为企业外部游戏化对用户参与的激励研究搭建了基本的研究框架和思路。但是，尚存在一些需进一步完善之处：首先，在考察游戏元素时，许多学者尽管对积分、勋章、挑战、探索和认可等多种游戏元素进行了研究，但却将所有游戏元素同等对待或作为组合整体进行分析。然而，不同类型的元素之间可能并非简单地组合协作关系，也可能存在影响关系，在游戏化系统中存在结构性功能差异。其次，在考察游戏化激励过程时，现有研究大多遵循静态的单向因果关系的逻辑惯性。但是，游戏体验可以驱动用户参与，而参与行为本身也具有体验性质，那么参与行为也可能会影响游戏体验。例如，解学梅等（2019）发现，用户参与可以增强用户对在线品牌社区的归属感；Harwood 和 Garry（2015）也认为，用户参与情感与用户参与行为之间可以互相影响。对这些影响关系的忽视导致现有研究未能全面深入地揭示和呈现出企业外部游戏化对用户参与的完整动态激励过程。

基于以上讨论，本章主要基于情境观理论，通过回答：在线品牌社区场景内，"游戏化激励是不是一个多阶段的动态过程""游戏元素之间是否存在影响关系及结构性功能差异""游戏元素与用户参与行为之间是否存在双向影响关系"以及"参与行为是否可以增强用户游戏体验"这四个具体问题，全面深入地识别出企业外部游戏化系统内的各个要素，以及这些要素在整个激励过程中功能和作用关系的变化，借此揭示企业外部游戏化对用户参与的动态激励过程、中介机制以及机制解释。基于本章发现的结论，可以为企业如何更科学地设计外部游戏化系统以吸引和激励用户参与提供一些借鉴和参考，同时，为下一章提出企业内部游戏化激励员工参与的关系假设和概念模型框架奠定理论逻辑基础。

第二节 案例设计

一、单案例研究方法

一般而言，相较于理论研究和计量研究方法，案例研究方法在解决以下两种难题时更加有效：①研究问题属于"怎么样（how）"和"为什么（why）"类型时，即需要探讨的是因果逻辑关系和影响过程；②研究主题处于萌芽状态或起步阶段，研究的现象和问题较为新颖或违背大众认知常识，相关的理论基础研究和量化数据匮乏，可供参考引用的研究成果较少。

结合本书的研究主题和研究问题，鉴于单案例纵向研究在展现包含各类游戏元素的游戏化系统的完整和动态激励过程，以及深化系统构成要素背后的逻辑解释，提高研究内部效度，实现理论建构等方面的独特优势，本书遵循典型性和理论抽样原则，选取小米企业的在线品牌社区作为研究样本，主要通过一手数据收集、数据编码和案例分析进行单案例探索性研究。通过详细列举在线品牌社区场景内企业外部游戏化系统各要素间作用关系的典型证据援引，试图厘清企业外部游戏化系统对用户参与的激励过程及机制。

二、案例企业选择

案例选取小米企业在线品牌社区作为研究样本，主要遵循以下三个原则：

（1）适配性原则。小米社区设计了一套完整的游戏化系统，论坛板块种类丰富，游戏元素齐全，是进行游戏化相关研究的理想案例样本，非常适合回答本书的研究问题。

（2）典型性原则。社区为小米企业的品牌成长做出了巨大贡献。早年小米企业建立之初，通过社区与用户交朋友，称呼每位社区用户为米粉，拉近了用户与品牌的心理距离，不但节省了营销成本，而且凭借这种互联网营销开启了整个手机行业的线上销售渠道和智能机低价化，彰显了小米社区的价值，因此，小米社区是研究在线品牌社区用户参与的典型样本。

（3）数据可获得性原则。小米社区拥有数量庞大的注册用户和活跃用户，在本书收集数据的一周期间，社区每日签到用户数平均近4000人，社区用户每日发表的帖子数量也非常可观，确保了高质量研究数据的可得性。

综上所述，小米在线品牌社区游戏化系统之完善、社区对品牌成长之贡献以及研究数据之丰富，每一方面都表明，小米在线品牌社区是本书案例研究的代表性样本。

三、案例企业概括

小米成立于2010年，是一家专注于智能硬件、电子产品研发和智能家居生态链建设的移动互联网公司，也是继苹果、三星和华为之后第四家拥有手机芯片自研能力的创新型科技公司。秉持着"让每个人都能享受科技乐趣"的企业愿景，小米企业通过组建在线品牌社区，成功创造了用互联网模式开发手机操作系统、发烧友参与开发改进的模式。在线品牌社区是小米为用户打造的交流产品评测体验、分享玩机技巧、追踪小米最新动态和参与线上线下活动的互动交流平台，于2011年正式对外上线。"与用户交朋友"的米粉文化就此根植于小米的基因，小米也被戏称为"经常与网友面基的科技公司"。

小米社区采用游戏化设计，利用与品牌相关的社交互动和营销活动将"为发烧而生"的理念融入整个社区运营，聚集、联系并赋能给最热情的粉丝用户们，通过提供给用户积极的体验来吸引其投入参与。因此，小米社区可以被描述为社交空间、营销渠道和游戏化设计的结合体，试图利用各类游戏元素吸引、鼓动和奖励用户线上线下多种参与，以实现用户黏性、品牌契合和品牌传播等营销目的。经过多年的历练和奔跑，小米企业已经成为全球第四大智能手机品牌，最年轻的世界55强和全球品牌100强企业。目前，除各类产品板块外,小米社区还设有资讯、论坛、小米游戏、酷玩帮、摄影馆、爆米花、同城会和校园俱乐部等几大板块。

四、数据收集与处理

为确保数据的客观性和充分性,研究者以2019年4~7月发表于小米在线品牌社区活动板块和综合板块,共计9个栏目约1800份帖子及回复为对象收集了文本材料。剔除无互动的官方动态资讯、以图为主的发帖和版主公告贴等,重点分析涵盖了社区成员情感、态度和行为结果的951份帖子及其回复,最终形成一份约1.9万字的数据材料。

在数据处理过程中,首先,由两位研究人员分别独立对网站游戏化设计和原始数据进行识别、分类和编码;其次,如果出现结果不一致的地方则共同讨论修改,直到达成一致,以确保数据处理结果的准确度和研究结果的可信度;最后,选取小米社区2019年8月共计154份发帖进行理论饱和度检验,通过编码分析后并没有发现新的维度以及各维度之间新的关系,说明编码的维度已经非常丰富,维度之间的关系在理论上也已经达到饱和。

五、关键构念识别

通过对具有意义表征的发帖内容进行分拣编码,识别出游戏元素、游戏机制、游戏体验和用户参与四个构念及其维度。

(一)游戏元素和游戏机制

为了能够将游戏化系统最大化地切割成多个构成要素,并对要素之间的影响关系进行挖掘,本书对游戏元素的编码参考Tobón等的分类方法。Tobón等(2019)区分了游戏元素和游戏机制,游戏元素包括积分、徽章和排行榜等显性化的界面元素,游戏机制则解释了游戏元素、规则、使用者特征之间如何结合以及为什么能够产生游戏体验。例如,Li等(2017)研究发现,使用游戏元素可以增加新星巴克应用程序的采用率,那些从传统的CRM卡切换到新星巴克应用程序的用户会被奖励积分和徽章,在这一例子中,积分和徽章是游戏元素,解释行为变化的奖励就是游戏机制。据此,本书分别对游戏元素（Game Elements，GE）和游戏机制（Game Mechanisms，GM）进行了编码。

游戏元素是游戏化系统的最基本构成要素，包含社区用户个人全部的公开信息和状态，也为每位用户展示其在社区的参与情况、地位、享有的特殊权利以及特殊身份应承担的职责等。游戏元素是能让用户最直接感受到并投入于游戏氛围的工具性手段，为游戏化系统的运转提供各项所需零部件，确保系统能够正常运转。游戏机制是驱动游戏化系统运转起来的关键动力，而这种动力来源于游戏元素。游戏机制既可以模拟和刺激用户发现自身具备的可能性，还可以有计划地引导用户的互动和行动达到企业预期效果。案例中的小米社区引入的游戏元素和游戏机制种类繁多，基本涵盖了目前经常被提及的关键游戏元素和游戏机制。

从数据材料中共识别出九种游戏元素：①经验值，经验值是积分的一种形式，社区用户的浏览、互动和发帖等在社区的一切行为都可以获得经验值；②贡献值，用户发帖、被查看和回复都可获得贡献值，如果帖子被认证为精华，也可以获得额外的贡献值；③论坛荣誉和勋章，包括论坛成就和产品勋章两类奖章，前者基于社区参与表现，后者基于小米产品的购买情况；④等级，根据前三个元素的数值，用户被分为潜力级至神马级共七个等级；⑤奖品，社区会频繁地开展各类爬楼送、抢楼送、狂欢送和互动送等五花八门的趣味活动，并将小米企业产品或优惠券作为奖品奖励给获胜者；⑥新产品免费体验资格，在酷玩帮小米新品公测平台报名即有机会免费体验新品；⑦内容解锁，部分板块发帖或活动参与存在 VIP 认证资格或积分值参与门槛；⑧特殊身份，用户可以自主申请为荣誉顾问团成员、小米达人和版主等特殊用户，并承担相应的权责，用户在社区的贡献是重要的审核资格；⑨荣誉称号，社区会为贡献突出的用户授予如达人之星、资源之星和酷玩之星等荣誉称号。游戏元素为用户提供了持续和即时的反馈，用户可以通过这些游戏元素的变化切实感受到在社区的成长和参与进展。

从数据材料中共识别出八种游戏机制：①反馈，小米社区在每个产品板块论坛里都设置有求助和讨论栏目，在综合板块也设有问题反馈栏，运营团队、社区版主或其他用户都会及时做出答疑或处理等反馈；②社交，小米社区的米粉杂谈、七嘴八舌等板块可以深度满足用户的线上社交需求，同城会、校园俱乐部和小米官方也会举办多场能够让米粉欢聚的大型现场活动，促进线下社交互动；③探索，小米社区经常以探索的名义号召用户参加线下的现场营销活动等；④挑战，社区会时常举办游戏赛事、创意赛和线下的娱乐赛等各种比赛活动吸引用户在悠闲玩乐中参与挑战；⑤取胜，社区用户可以在各类赛事中赢得名次，在酷玩帮新品公测平台赢得免费体验新品的机会等；⑥奖励，除在各类赛事中获奖外，社区用户还可以通过多种抽奖送和狂欢等线上社区活动，以及线下的欢聚和营销活动等赢取奖品，奖品通常为小米产品或优惠券；⑦学习和发展，小米社区设有专门的资源组和荣誉顾问团，社区用户可以借此增长或培养新知识和技能；⑧认可，社区会对做出突出贡献的用户通过多种途径给予认可，如授予荣誉称号并在社区首页进行展示和表彰。

（二）游戏体验

游戏体验描述的是社区成员之间、社区成员与游戏化系统之间交互过程中的感受和体验，它决定了用户是否更进一步地参与游戏化活动任务。本书对游戏体验维度的编码参考了 Eppmann 等和 Högberg 等开发的游戏体验测量量表。其中，Eppmann 等（2018）将游戏体验分为愉悦、沉浸、创造性思维、积极性、消除负能量和操控六个维度，而 Högberg 等（2019）则将游戏体验分为成就、挑战、竞争、指导、沉浸、玩乐和社交体验七个维度。小米社区基本涉及了游戏化能够创造的游戏体验关键维度，足够满足 Brodie 等（2013）提出的吸引社区用户参与的条件，即满足分享、学习、共同发展、倡导和社交等需求。

从数据材料中共识别出八个维度：①关系，社区社交活动可以满足用户的关系需要，完全自愿性地参与线下欢聚活动可以使用户更加身心放松、自由地交朋友；②竞争，社区发起的各类挑战、竞赛和探索活动都可以激发用户的竞争心；③成就，在比赛中取胜、因表现突出获得认可及想法在产品中得到体现等都可以提升用户的成就感；④指导，通过为其他用户解答难题、科普产品信息等学习和发展过程可以满足用户的指导体验；⑤归属感，社区是小米最新最快的官网活动信息的集散地，企业取得的成就荣誉和新产品的问世等都能增加社区用户的自豪感和归属感；⑥沉浸和现场感，小米社区频繁地举办线上线下活动能够营造或真实创造出身临其境的现场感，增强用户参与投入的沉浸感；⑦愉悦，由小米企业提供的各类产品和优惠券等奖励可以带给用户愉悦感；⑧自主性，社区用户不但可以通过投票等途径自主决定线下活动的举办城市，甚至可以自主发起同城会、校园俱乐部等活动。

（三）用户参与行为和用户参与结果

对用户参与维度的编码参考了 Harwood 和 Garry 等的划分法。Harwood 和 Garry 等（2015）将用户参与分为用户参与行为（Participation Behavior，PB），包括任务完成、成就、交流互动，以及用户参与结果（Participation Outcome，PO），包括信任和承诺关系、重复互动和购买的忠诚或破坏。马向阳等（2017）将在线品牌社区用户行为归纳为三类：一是贡献行为，指的是社区成员不求回报地提供有价值的信息或者为其他寻求帮助的成员答疑解惑；二是阅读行为，指的是社区中存在的一种"潜水"的参与行为，即只作为旁观者浏览信息、访问社区；三是互动行为，指的是社区成员之间的信息、知识和情感等方面的互动交流。三种行为共同塑造了社区的行为规范和期望，对于企业的顾客关系管理、品牌忠诚、关系营销和品牌战略等用户参与结果具有重要的价值（Hajli 等，2017）。据此，本书将用户参与编码为用户参与行为和用户参与结果两类。

用户参与行为是用户对品牌产品信息传播和产品体验感受分享等交互活动。从数据材料中识别出用户参与行为的五个维度：①浏览行为。出于好奇、对品牌的喜爱、对新产品功能的疑惑、对自身社区成员身份的归属感或沉浸于社区的文化氛围等原因都可能驱使用户访问社区，产生浏览行为。②回复互动行为。因社交关系需求、利他主义的动机、对他人发表内容的共感、能为其他成员答疑解惑的成就和指导感与对同一社区成员身份的亲密认同感等都可能驱动用户发生回复互动行为。③参与活动行为。现场活动的趣味性、丰富性、所提供的奖品以及与社区成员的近距离社交互动等原因都可能吸引用户参加。具有比赛性质的线上活动还能够满足用户的竞争心、成就感和外在动机，驱动用户参与比赛活动。④分享行为。用户们会将自己的产品体验在社区平台进行分享，发表产品测评体验等内容。⑤问题反馈行为。小米社区设有专门的问题反馈板块，当用户在产品使用中遇到问题或社区论坛出现异常时，会主动进行问题反馈和咨询。

用户参与结果反映了用户对品牌及产品服务的态度和行为决策，是社区游戏化设计师所期望达到的最终激励效果和营销目标。从数据材料中识别出用户参与结果的三个维度：①品牌关注，即社区用户对小米品牌价值、产品服务和企业发展等的信赖、期待和关注；②购买行为，即社区用户对品牌产品的支持和购买等；③口碑传播，社区用户会主动向他人分享使用心得、推荐企业产品等。

综上所述，关键构念及其维度的数据编码结果如表4-1所示。

表4-1 关键构念及其维度的数据编码结果

构念	维度	构念	维度
游戏元素（GE）	经验值、贡献值、勋章/荣誉、等级、奖品、特殊身份、荣誉称号、内容解锁、新产品免费体验资格	用户参与	用户参与行为（PB）	浏览、回复互动、分享、参与活动、问题反馈
游戏机制（GM）	反馈、社交、探索、挑战、取胜、奖励、学习和发展、认可		用户参与结果（PO）	品牌关注、购买行为、口碑传播
游戏体验（GEx）	关系、竞争、成就、指导、归属感、沉浸和现场感、愉悦、自主性			

第三节 案例分析

本节将详细分析小米社区游戏化系统内，游戏元素、游戏机制、游戏体

第四章　企业外部游戏化对用户参与的激励机制研究

验、用户参与行为和用户参与结果各系统构成要素之间的作用关系和逻辑。

一、游戏元素对游戏机制的影响作用

根据戈夫曼情境观的框架思想，框架是互动者对符号的诠释规则，让无意义的符号变得有意义，互动者之间的交流传播经由框架的分享而实现（Goffman，1986）。意义共享的符号和达成运作共识的框架共同帮助完成新情境的建构。游戏机制是游戏元素运行的潜在规则，是基于诸多游戏元素符号搭建起来的新的情境框架，社区用户基于这些框架达成互动共识和行为规范。由此可见，游戏元素具有支撑和强化游戏机制的功能。例如，经验值（Point）、勋章/论坛荣誉（Badge）、贡献值（Contribution）、用户等级（Level）四个基本游戏元素（本书将其合并简写为PBCL，下同）对每个游戏机制都有一定程度的强化作用，但这种作用较弱，需组合其他游戏元素，而搭配不同的游戏元素又会产生不同的效果。搭配内容解锁和荣誉称号等可以强化反馈、线上社交、学习和认可等机制；搭配奖品这一游戏元素有助于强化挑战、探索、奖励、认可和线下社交等机制；搭配内容解锁、特殊身份和产品免费体验资格等游戏元素则可以带给用户获胜的喜悦，有助于强化取胜和认可等游戏机制。

通常，单个游戏元素无法直接发挥作用，游戏元素之间需经过有计划的组合搭配，才能最大限度地强化游戏机制。但是，一些特殊的游戏元素如产品免费试用资格和物质奖品等经济性奖励则例外，这类游戏元素因其特殊的经济属性可单独强化奖励、取胜和挑战等游戏机制，此时，PBCL等基本游戏元素的强化作用可能只是一种锦上添花。此外，部分游戏元素之间、游戏机制之间也存在连锁效应。例如，PBCL等元素的进展可以直接影响用户的内容解锁程度和新产品免费体验资格，社交机制可以强化探索和挑战机制，取胜和奖励也可以强化认可机制。具体的典型证据援引如表4-2所示。基于此，本书提出以下命题：

命题1：企业外部游戏化系统中的游戏元素和游戏机制之间存在着影响关系，即游戏元素对游戏机制具有强化作用。

表 4-2 游戏元素（GE）强化游戏机制（GM）的典型证据援引

编码条目	典型证据援引	关键维度 GE；GM	GE→GM 的逻辑关系
GM1	建议按照以下路径操作试试：设置、更多设置、开发者选项、设备解锁状态，点进去以后绑定（ID：Tori）	PBCL；反馈	PBCL 元素可以强化反馈机制
GM4 GM5	分享你的高考那些事儿，赢取实物大奖（ID：平顶山野草）； 首届小米赣州趣味运动会回顾（ID：沉默刀锋）	PBCL、奖品、社交	PBCL 搭配奖品元素可以强化社交机制
GM11	小米同城会全新品牌活动之米粉去探索：DMN 专场探索生活之美	PBCL、奖品、荣誉身份；社交、探索	PBCL 搭配奖品和荣誉身份等元素可以强化社交和探索机制
GM15 GM16	小米 AI 宿舍，全国高校智能宿舍征集大赛开启； 呼唤米粉！勒见潮米暨科米联合卡丁车体验赛	PBCL、奖品；社交、挑战	PBCL 搭配奖品元素可以强化社交和挑战机制
GM19	活动结束后，根据文章/视频内容的客观性、论点、趣味、硬核等多方面综合考核，评选最佳 VR 游戏文章	PBCL、特殊身份、新产品免费体验资格；取胜	PBCL 搭配特殊身份和新产品免费体验资格元素可以强化取胜机制
GM23 GM24	Redmi K20"摘星计划"！回帖送出 10 个小行星命名权； 送小米音箱丨《龙纪元》手游今日全平台首发	PBCL、奖品、新产品免费体验资格；奖励	PBCL 搭配奖品和新产品免费体验资格元素可以强化奖励机制
GM30	我来到小米荣誉顾问团，学会很多实用小米产品的技巧和有关知识，也帮助解决不少米粉在使用小米产品时遇到的问题（ID：冷月飘风）	PBCL、特殊身份、荣誉称号；学习和发展	PBCL 搭配特殊身份和荣誉称号元素可以强化学习和发展机制
GM34	授予用户青蛙王子57"资源之星"的荣誉称号，奖励其分享资源，快乐自己，并在社区首页米粉之星版块公开表彰	PBCL、荣誉称号、新产品免费体验资格、内容解锁；认可	PBCL 搭配荣誉称号、新产品免费体验资格和内容解锁等元素可以强化认可机制

注：PBCL 是指经验值、勋章/论坛荣誉、贡献值和用户等级四种基本游戏元素；括弧内为用户 ID 名，未标明的为社区运营者发帖，下同。

二、游戏机制对游戏体验的影响作用

情境定义是互动者参与情境互动过程中对情境的主观认知和理解。互动者借由框架来理解和分析所处的情境。游戏体验是由游戏化所提供的类似参与游戏的积极心理体验,代表社区用户对游戏化所建构新情境的主观感受和认知,体现社区用户对新情境的定义。游戏机制框架是社区用户将情境转化为主观认知即情境定义的重要凭证,影响着社区用户的游戏体验。因此,游戏机制框架对游戏体验具有直接塑造功能。

此外,根据自我决定理论,游戏元素可以满足在线用户的自主、胜任和关系心理需要。例如,Xi等(2019)以小米和华为在线品牌社区用户为调查对象的研究发现,沉浸类游戏元素只与自主性需要呈正相关,成就类和社交类游戏元素则可以同时满足自主、胜任和关系需要。Sailer等(2017)发现,特定的游戏元素具有特定的心理效应,徽章、排行榜和绩效图表可以满足胜任需求,并对感知任务意义具有积极影响,而头像、有意义的故事和团队成员可以影响关系需要,但是感知到的决策自由不会受到任何游戏元素的影响。

根据Csikszentmihalyi(1990)提出的心流理论,游戏机制基本具备了能够引发心流体验的大部分特征。Harwood和Garry(2015)发现,挑战和任务游戏机制可以促进用户的心流体验。心流状态与在控制和感知不确定性之间保持平衡的游戏体验相关(Hamari和Koivisto,2014),由此可见,游戏机制可以引发与心流体验相关的游戏体验。例如,社区各类挑战可以塑造用户的竞争体验;社区对用户的认可可以同时增强用户对品牌和社区的归属感和沉浸感,以及提升用户的成就感;奖励可以使用户感受到参与的乐趣,激发出竞争心,满足实用性需求,最终对社区产生沉浸感。此外,游戏机制的玩乐属性和竞争属性(Landers等,2015)越强,塑造游戏体验的能力就越强;游戏机制越丰富,塑造的游戏体验也越丰富。具体的典型证据援引如表4-3所示。

表4-3 游戏机制(GM)直接塑造游戏体验(GEx)的典型证据援引

编码条目	典型证据援引	关键维度GM;GEx	GM→GEx的逻辑关系
GE6	在自己体会到好的应用和好玩的游戏之后,也很希望分享给其他米粉享用,毕竟独乐乐不如众乐乐(ID:钮爱小米)	社交;关系	社交机制可以塑造关系体验

续表

编码条目	典型证据援引	关键维度 GM；GEx	GM→GEx 的逻辑关系
GE11 GE15	大家把自己的作品拿出来参展评比了，我的米兔，幸运的C位出道了，醒目的中间位置，好开心呀（ID：充满神奇）；每当看到管理员将自己原创的或是经手的作品推荐到小米社区的显著位置并获得读者的广泛肯定、认可和喜爱时，这些瞬间最让我骄傲（ID：超级米粉号）	取胜、挑战、认可；竞争、成就	取胜、挑战和认可等机制可以塑造竞争和成就体验
GM30	我来到小米荣誉顾问团，学会很多实用小米产品的技巧和有关知识，也帮助解决不少米粉在使用小米产品时遇到的问题（ID：冷月飘风）	学习和发展；指导	学习和发展机制可以塑造指导体验
GE19	在小米社区中，最让我自豪的瞬间莫过于解答了米粉问题之后，收到了他们发来的感谢语（ID：cnyiyi）	反馈、社交；归属感、愉悦	反馈和社交机制可以塑造归属感和愉悦体验
GE23	参加发布会一是本着对产品的进一步了解，二是对小米产品一贯的热爱，如此怎么能不去感受一下发布会现场的热烈气氛呢（ID：yuzf0001）	探索；沉浸和现场感	探索机制可以塑造沉浸和现场感体验
GE29	店庆准备的礼品丰厚，包括米家声波电动牙刷和米家LED智能台灯等，通过胖哥等负责人的现场抽奖，米粉手中拿到中奖后的礼品爱不释手（ID：倾慕V2）	奖励；愉悦	奖励机制可以塑造愉悦体验
GE32	速来投票！下一站小米爆米花备降城市，你来做主	反馈；自主	反馈机制可以塑造自主体验

尽管是游戏机制框架直接塑造了游戏体验，影响了用户对情境的定义，但却是游戏元素符号生成了情境场域，支撑和强化了游戏机制框架。缺乏游戏机制框架牵引的游戏元素符号，以及缺乏游戏元素符号支撑的游戏机制框架都犹如没有用处的摆设，两者须得协同发挥作用，才能更好地塑造游戏体验。基于此，本书提出以下命题：

命题2：企业外部游戏化系统中的游戏机制和游戏体验之间存在着影响关系，即游戏机制对游戏体验具有塑造作用。

三、游戏体验与参与行为的相互影响作用

互动者会依据情境定义做出适应性的互动行为，又会在情境互动中不断地深化和修正情境定义。互动者对情境的定义与情境中的互动行为之间会不断地互相影响和重塑，两者共同帮助用户完成对情境的解构。因此，在游戏化所建构的新情境中，游戏体验和社区用户的线上线下互动参与行为之间会互相影响，游戏体验可以驱动参与行为，参与行为也可以反过来增强游戏体验。例如，用户对企业品牌、社区和其他用户的喜爱等积极情感和归属感，以及对社区良好互动氛围的沉浸感是驱使用户发生互动参与行为的基本原因，尤其沉浸感能够通过提供身份性认同氛围促进用户之间的合作和交流。那些最有价值的用户参与行为，包括新产品创意，对产品性能改进意见，以及帮助企业深度挖掘用户需求等对企业产品和品牌发展颇具价值的建议，而用户愿意主动积极提出这些建议正是因为在社区的愉悦、沉浸和归属感等体验。

通常一种参与行为需多种游戏体验的组合共同驱动，如摄影馆作品分享行为的发生需要沉浸、愉悦、竞争和成就这些体验组合同时发挥驱动作用。一种游戏体验也可能被用以驱动多种参与行为，如关系体验的满足可以同时驱动用户产生日常心情分享。对于小米品牌和社区强烈的归属感和沉浸感是激发用户分享意愿和行为的重要原因。

同时，在线品牌社区本身就是一个参与体验性平台。用户获得的体验越丰富，就越沉浸于社区，参与意愿就更强，反过来，用户互动参与行为越多，参与度越深，越有利于渗透、融入甚至玩转社区，对社区的认同和贡献、在社区的辐射和话语权就越强，沉浸感、归属感和关系等体验就越强。因此，游戏体验和用户参与行为是螺旋式相互促进的关系。具体的证据援引如表4-4所示。基于此，本书提出以下命题：

命题3：企业外部游戏化系统中的游戏体验和用户参与行为之间存在着互相影响关系，即游戏体验对用户参与行为具有驱动作用，用户参与行为对游戏体验具有增强作用。

表4-4 游戏体验（GEx）驱动参与行为（PB）、参与行为增强游戏体验、
参与行为反馈游戏元素（GE）的典型证据援引

编码条目	典型证据援引	关键维度 GE；GEx；PB	GEx↔PB 的逻辑关系	PB→GE 的逻辑关系
PB1 PB2 PB3	Redmi K20 Pro简评！一款改变"格局"的产品（ID：Geek拂晓）；天生优雅，时尚百搭AMAZFIT月霜手环开箱……（ID：Rabbit-dJ）；现在用的是云米CROSS套装，……用得最爽就是风随火动，点火自动打开油烟机，熄火还能延迟关机……还有不怕老妈一人在家忘记关火。米家App会提示燃气灶使用过长，这点很赞。最让我爱上米家的是……当然……用上米家东西就离不开了（OD：城市夜羊）	新产品免费体验资格、荣誉称号、沉浸、愉悦；产品体验分享行为	沉浸和愉悦体验可以驱动产品体验分享行为；产品体验分享行为又可以增强用户的沉浸和愉悦体验	产品体验分享行为可以主要反馈到新产品免费体验资格和荣誉称号游戏元素
PB5	【进阶教程】小米磁盘模式完美线刷任意NOTO包，华丽稳定超详细……（ID：传说中的小米2S）	特殊身份、荣誉称号、指导；科普行为	指导体验可以驱动科普行为，科普行为又可以增强用户的指导体验	科普行为可以主要反馈到特殊身份和荣誉称号游戏元素
PB9 PB11	我是北京小米同城会的城府！很高兴和大家一起分享今天的K20大魔王发布……（ID：Mi759058212）；广州小米9摄影品鉴会现场打卡 第一次参加小米同城会活动，没想到运气这么好中奖了（ID：小涛爱旅行）；临沂同城会万米低碳环保行活动回顾（ID：sweet）	特殊身份；沉浸和现场感、愉悦；线下活动体验分享	沉浸和现场感、愉悦体验可以驱动用户线下活动体验分享，这种分享行为又可以增强沉浸体验	线下活动体验分享行为可以主要反馈到特殊身份游戏元素
PB20	今年的端午朋友邀请我去他家包粽子，总感觉自己包的粽子才好吃，料够足。我们是南方人，习惯吃咸粽，所以包咸粽。准备材料有咸蛋……（ID：冷月飘风）	PBCL；关系、沉浸；日常心情分享	关系和沉浸体验可以驱动日常心情分享行为，这种分享行为又可以增强关系和沉浸体验	日常心情分享行为可以反馈到PBCL等游戏元素
PB24 PB26	楼主照片太可爱了，剃须刀能水洗，充电快，续航久而且好用，还便携，这么完美，你说气人不（ID：雨潇1986）；互动话题：从为发烧而生到K20大魔王你最感动啥（ID：超逸绝尘）	PBCL；关系、沉浸；回复互动行为	关系和沉浸体验可以驱动回复互动行为，互动行为又可以增强关系沉浸体验	回复互动行为可以反馈到PBCL等游戏元素

续表

编码条目	典型证据援引	关键维度 GE；GEx；PB	GEx↔PB 的逻辑关系	PB→GE 的逻辑关系
PB34 PB35 PB36 PB37 PB38	redmi 真无线耳机，这 3 周里我几乎每天都要使用耳机，发现有以下几点：①耳机续航问题……⑤游戏音效延迟（ID：小猪猪）； 投诉小米游戏，经常开着车突然就停止不动了，然后屏幕按键也无效，小米赛车的客服态度敷衍，一点游戏的感知度都没有（ID：Mi_2295054965）； 建议加入米聊 App，一方面可以让相互的同学互动，建立学习目标群体的圈子；另一方面还可以给米聊用户拉新……（ID：四格漫画）； 建议小米赛车加个复位键（ID：逍遥888999）； 米兔的软件兼容 IOS 不好，打开闪退这个是 BUG（ID：双人余 xl）	荣誉称号；沉浸、归属感、成就；问题反馈行为	沉浸、归属感和成就体验可以驱动问题反馈行为，这种反馈行为又可以增强沉浸、归属感和成就体验	问题反馈行为可以主要反馈到荣誉称号游戏元素

四、游戏体验和参与行为对参与结果的影响作用

互动者在情境互动和情境定义中完成的情境解构，决定互动者会对情境做出何种诠释，而互动者的行动又取决于情境解构后做出的情境诠释。在小米社区的游戏化所建构的情境内，用户参与结果是企业期望用户最终发生的行动，而游戏体验和参与互动行为决定了社区用户对新情境的诠释，因此，游戏体验和参与行为都可以促进用户的参与结果。例如，归属感和沉浸感等体验都可以极大地增强用户对小米品牌的喜爱、信赖和支持，亲密用户和品牌的契合关系，尤其是用户参与线下活动行为可以有效拉近品牌和用户的心理距离。线下活动所营造的现场感、良好的产品体验、对品牌和其他社区成员的信赖关系、对社区的归属感等参与体验和参与行为所激发的用户的情绪感受最后都可能转化为对产品的购买意愿和行为。对品牌的归属感和沉浸感、对产品体验的满足等都可能使用户通过线上互动行为和线下传播渠道主动向他人进行口碑营销。具体的典型证据援引如表 4-5 所示。基于此，本书提出

以下命题：

命题4：企业外部游戏化系统中的游戏体验和用户参与结果之间存在着影响关系，即游戏体验对用户参与结果具有促进作用。

命题5：企业外部游戏化系统中的用户参与行为和用户参与结果之间存在着影响关系，即用户参与行为对用户参与结果具有促进作用。

表4-5 游戏体验（GEx）和参与行为（PB）促进参与结果（PO）的典型证据援引

编码条目	典型证据援引	关键维度 GEx；PB；PO	GEx→PO 的逻辑关系	PB→PO 的逻辑关系
PO7	充满期待的大魔王 K20，从小米成立之初就开始关注公司成长，一直会默默地支持（ID：时光倒流125）	归属感、沉浸感；回复互动、参与活动；品牌关注	归属和沉浸体验可以提升用户对品牌的关注	回复互动和参与活动行为可以提升用户对品牌的关注
PO11	接下来用"狂购"来形容一点也不为过，使用万达优惠券，几个小伙伴买的是不亦乐乎：米家智能摄像机云台版……一系列产品，从购物袋就能看出（ID：倾慕V2）	愉悦、沉浸和现场感；分享行为、参与活动；购买行为	愉悦、沉浸和现场感体验可以增加用户的购买行为	分享行为和参与活动行为可以增加用户的购买行为
PO15	前几个月入手了一件 AKGY100 蓝牙耳机，简直不要太惊艳，让我重新燃起了对蓝牙耳机的兴趣，忍不住想安利给大家（ID：iwoshizhu）	愉悦、沉浸、归属；分享行为；口碑传播	愉悦、沉浸和归属体验可以促进用户主动的口碑传播	分享行为可以促进用户主动的口碑传播

五、参与行为对游戏元素的影响作用

当用户参与行为发生时，会立即表现在游戏元素中，这是一种带有奖励和呈现进展功能的反馈，不同的界面元素奖励不同的参与行为，稀有的奖励保留给那些"高级"或"罕见"的行为。例如，在小米社区的新品公测平台——酷玩帮板块，用户可以报名申请免费体验，获得试用资格的用户在体验产品后，必须在一周之内分享一篇试用品评测帖。在这一系列过程中，用户并非是为了获得新产品免费体验资格这一游戏元素，而是这一元素所强化的奖励、竞争和取胜等游戏机制，以及取胜和获得奖励后所能创造的体验，驱使用户做出了参与活动行为、回复互动行为和产品使用体验分享行为。作为奖励和反馈，获得试用资格的用户不仅可以免费试用新产品，而且可以累积经验值和贡献值，提升等级，获得成就勋章和产品勋章，获得内测组成员的特殊身份，良好的参与行为还有助于提升以后申请产品免费体验资格甚至获得"酷玩之星"荣誉称号的概率。

简言之，在游戏化系统中，用户行为发生后会即时在游戏元素上得到反馈，用户参与行为决定了游戏元素的进展情况。但游戏元素只能通过强化游戏机制激活用户心理体验进而吸引用户参与活动，游戏元素即使是经济性奖品也不能直接影响用户参与行为，游戏机制和游戏体验是必经之路，毕竟那些无须争取、且对自身无用的奖品是不值得用户努力参与的。具体的典型证据援引如表4-4所示。基于此，本书提出以下命题：

命题6：企业外部游戏化系统中的用户参与行为和游戏元素之间存在着影响关系，即用户参与行为对游戏元素具有反馈作用。

六、假设命题总结

综合以上讨论，对案例分析提出的六个命题进行了汇总，如表4-6所示。

表4-6 命题汇总

命题	作用关系
命题1	企业外部游戏化系统中的游戏元素和游戏机制之间存在着影响关系，即游戏元素对游戏机制具有强化作用
命题2	企业外部游戏化系统中的游戏机制和游戏体验之间存在着影响关系，即游戏机制对游戏体验具有塑造作用
命题3	企业外部游戏化系统中的游戏体验和用户参与行为之间存在着互相影响关系，即游戏体验对用户参与行为具有驱动作用，用户参与行为对游戏体验具有增强作用
命题4	企业外部游戏化系统中的游戏体验和用户参与结果之间存在着影响关系，即游戏体验对用户参与结果具有促进作用

续表

命题	作用关系
命题5	企业外部游戏化系统中的用户参与行为和用户参与结果之间存在着影响关系,即用户参与行为对用户参与结果具有促进作用
命题6	企业外部游戏化系统中的用户参与行为和游戏元素之间存在着影响关系,即用户参与行为对游戏元素具有反馈作用

第四节 案例结论与讨论

一、企业外部游戏化对用户参与的动态激励过程

从以上案例分析得出的六个命题可以发现,在用户参与行为发生前后,游戏体验和参与行为之间的关系发生了变化,参与行为还可以反过来影响游戏元素。因此,游戏化是一个动态激励过程,可按照参与行为的发生为分割点,分为内游戏化阶段和后游戏化阶段。在游戏化激励过程的内游戏化阶段,游戏元素支撑并强化游戏机制,游戏机制通过塑造用户的游戏体验,进而驱动用户的参与行为;在用户参与行为已经发生的后游戏化阶段,参与行为可以增强用户的游戏体验,两者相互作用共同促进了用户参与结果,同时,参与行为还能及时反馈到游戏元素,推动游戏元素的进展,最终完成整个游戏化系统的循环激励过程。

据此,本书构建了企业外部游戏化对用户参与的动态激励过程模型(见图4-1)。游戏元素包括经验值、贡献值、勋章/论坛荣誉、等级、奖品、特殊身份、荣誉称号、内容解锁、新产品免费体验资格;游戏机制包括反馈、社交、探索、挑战、取胜、奖励、学习和发展、认可;游戏体验包括关系、竞争、成就、指导、归属感、沉浸、愉悦和自主;用户参与行为包括浏览、回复互动、分享、参与活动、问题反馈;用户参与结果包括品牌关注、购买

行为、口碑传播。各个要素之间的协作和影响关系共同构成了企业外部游戏化对用户参与的动态激励系统。

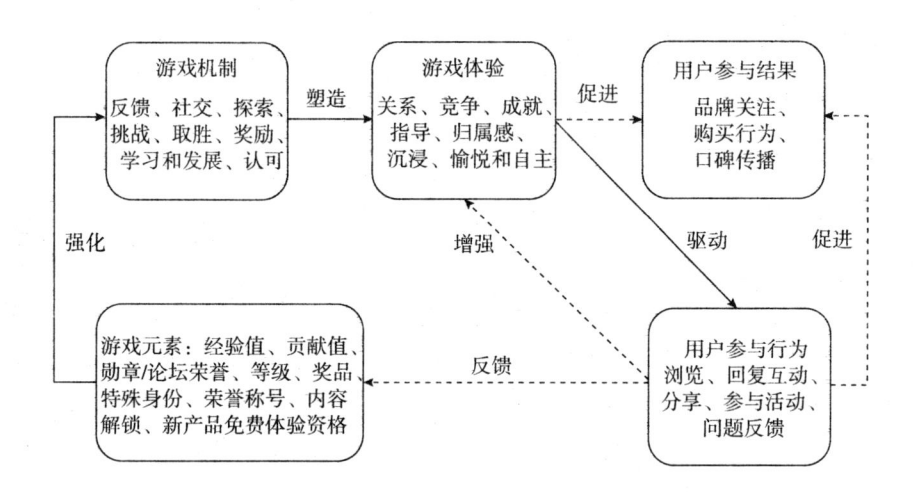

图 4-1 企业外部游戏化对用户参与的动态激励过程模型

注：实线箭头表示用户参与行为发生之前的内游戏化阶段，虚线箭头表示用户参与行为发生之后的后游戏化阶段。

在企业外部游戏化对用户参与的动态激励过程模型中，各构成要素之间的具体作用关系有以下四个：

第一，游戏元素和游戏机制之间存在影响和协作关系。研究结果表明，游戏机制依赖和来源于游戏元素，游戏元素作为外在化的工具性构成要素，经过合理的设置与组合搭配可以最大效度地强化隐含在游戏元素背后的游戏机制，而游戏机制能够有效地激活用户的游戏体验。因此，游戏元素和游戏机制之间存在着结构性功能差异。同时，游戏元素和游戏机制之间既存在强化影响关系，又必须协同发挥作用才能激活、塑造游戏体验。此外，部分游戏元素之间、游戏机制之间也会相互影响，这种连锁效应使游戏元素之间相互连接，构成了一幅"游戏元素网络地图"（Sillaots 等，2016）。

第二，游戏元素与用户参与行为之间存在双向影响关系。研究结果表明，在内游戏化阶段，游戏元素和游戏机制作为动机供给源可以不断刺激用户的

· 93 ·

情绪、情感和认知等心理状态，激活、塑造游戏体验，进而吸引和诱导用户发生参与行为。在后游戏化阶段，用户参与行为发生后会立刻反馈在部分游戏元素上，以示对用户积极参与行为的嘉奖。因此，在内游戏化阶段，被游戏元素强化的游戏机制可以通过塑造游戏体验来驱动用户参与行为；而在后游戏化阶段，用户参与行为又可以反馈给游戏元素，推动游戏元素的进展。游戏元素和用户参与行为之间的双向影响关系促使游戏化激励过程成为一个闭环系统，表明游戏化是一个能够驱动用户持续参与的自循环激励工具。

第三，用户参与行为可以增强用户的游戏体验，即用户参与行为和游戏体验之间也存在双向的影响关系。研究结果表明，在内游戏化阶段，游戏机制塑造的游戏体验可以驱动用户参与行为。同时，由于在线品牌社区本身就是一个参与体验性平台，参与和体验之间是相互促进的关系。用户获得的体验越丰富，就越沉浸于社区平台，参与意愿就更强，反过来，用户参与率越高，参与度越深，就越能够获得沉浸式体验。因此，在后游戏化阶段，用户参与行为也可以增强游戏体验，两者是螺旋式互相推动的关系。

第四，游戏体验和用户参与行为都可以促进用户参与结果。在后游戏化阶段，游戏体验和用户参与行为相互作用，不断增强，两者都可以积极影响用户的消费决策和态度，促进积极的用户参与结果，最终达成企业外部游戏化系统设计的营销目标。

二、企业外部游戏化对用户参与的激励机制

基于以上的案例分析，本书基于情境视角厘清了企业外部游戏化对用户参与的激励机制。游戏元素、游戏机制、游戏体验、用户参与行为和用户参与结果各个要素之间的影响和互动关系共同构成了游戏化激励系统。游戏元素可以支撑和强化游戏机制，两者共同塑造了游戏体验；游戏体验可以驱动用户参与行为，用户参与行为可以增强游戏体验，两者都可以促进用户参与结果。其中，游戏元素是意义共享的符号载体，生成了新情境，达成运作共识的游戏机制搭建了新情境的框架，两者共同完成了游戏化系统对情境的建构；游戏体验和用户参与行为分别体现了用户对情境的定义和情境互动参与，

共同协助了用户对情境的解构。案例分析结果表明，企业外部游戏化系统通过情境的建构与解构实现了对用户参与的激励。

为进一步解密"游戏化系统所建构新情境的特点""用户对新情境的具体定义""用户对新情境解构的具体内容"以及"对解构内容的诠释究竟如何影响行动"，本书结合企业外部游戏化系统各构成要素的具体维度进行了进一步的分析和讨论。

首先，从游戏化系统所采用的游戏元素及其游戏机制可以发现，游戏化建构的其实是一个社区用户与自我、其他社区用户，以及社区事务之间具有全新关联的新情境。例如，各种游戏元素组合及其所强化的挑战、探索和反馈等游戏机制，可以创建社区用户与社区事务之间新的关联；奖励、认可、取胜、学习和发展等游戏机制，可以创建社区用户与自我之间新的关联；社交和取胜等游戏机制，可以创建社区用户与其他成员之间新的关联。因此，游戏化利用游戏元素符号和游戏机制框架建构了一个社区用户与社区线上线下一切人和事物之间具有全新关联的情境。

其次，在游戏化所建构的具有全新关联的情境中，依照游戏元素符号和游戏机制框架进行的情境定义即游戏体验，实际是一种较强的关联感。例如，成就体验会加强对自我的认可、乐趣体验，会让自我感到快乐，这些体验都意味着用户与自我之间的关联感得到了强化；同理，竞争、指导、关系和归属等体验代表了与其他社区成员之间较强的关联感；沉浸和自主代表了与情境中事物之间较强的关联感。这些关联感可以促进社区用户在情境内的互动参与行为，也在这些互动参与行为中得以增强，并帮助用户对情境进行解构。

再次，关联感是个体主观上与情境中的事物、他人和自我的一种联结。社区用户将游戏化社区定义为具有较强关联感的情境，可以使其感到自身行动能够对情境中的人或事物造成改变，这种"能造成改变"的影响力感知能够为情境内的行动赋予意义，使情境成为一个新的意义系统。社区用户将情境视作意义系统的主观诠释是对情境解构的结果。

最后，基于关联感的情境定义和意义系统的情境解构，可以影响社区用户的个体情境因素，提升自我效能，激活和强化心理需要及相应的欲望。例如，在游戏元素能够提供娱乐导向的内在奖励性指向（如取胜、赢得徽章、获得高名次和地位等）的基础上，用户与自我之间的强关联感可以激活对自我的超越欲，与其他用户之间的强关联感可以激活对他人的表现欲，与社区事务之间的强关联感可以激活支配欲和求知欲等。而强烈的欲望可以引发行为动机，进而促使用户参与社区期望的营销性结果。

基于以上讨论，本书构建了企业外部游戏化激励用户参与的情境建构与解构机制模型，如图4-2所示。

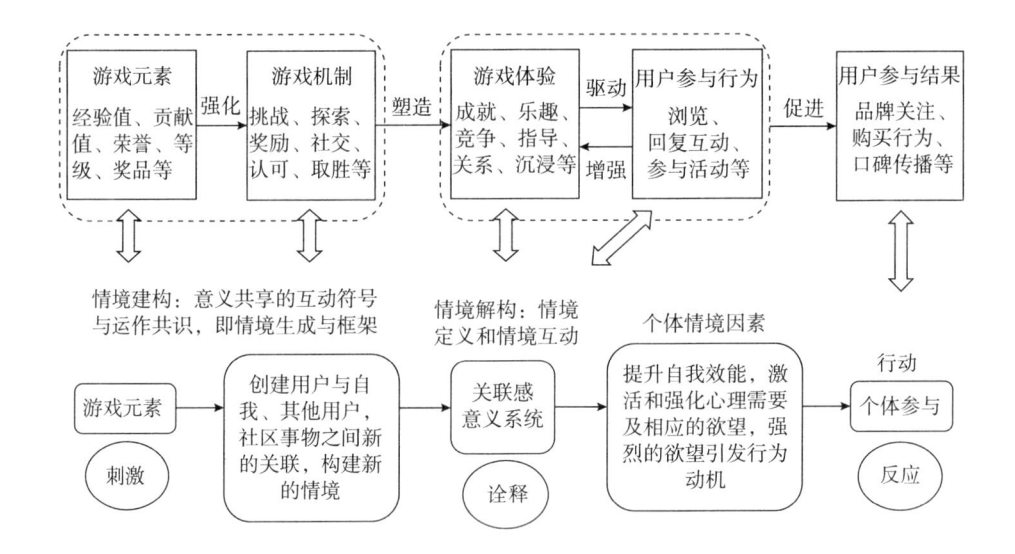

图4-2 企业外部游戏化对用户参与的激励机制模型

资料来源：根据陈园园（2021）的文献绘制。

第五章　企业内部游戏化对员工参与的激励机制研究

第一节　问题提出

除针对用户参与的企业外部游戏化系统外，针对员工参与的企业内部游戏化系统同样受到了如微软、腾讯和逻辑思维等诸多国内外企业的关注和应用，并取得瞩目成果。企业内部游戏化系统具备可操作性、低成本、可衡量和可拓展的特点，那些在最幸福员工排行榜上居于高位的企业都公开表示应用了内部游戏化系统。例如，希尔顿全球酒店集团应用了虚幻引擎3模拟项目，福陆公司应用了商业模拟项目，美国空军应用了徽章和级别，雪佛龙成立了员工俱乐部和奖励包等。学术界的研究也发现，游戏化在推动团队合作和竞赛、提升工作创造性和工作效率等促进员工积极参与方面具有显著的激励效果（Ferreira 等，2017；Darejeh 和 Salim，2016）。

然而，企业采用内部游戏化系统并非总能获得成功，更普遍的情形是开始时信心满满、声势浩大，不久后就草草收场或束之高阁。以盛大集团推广实施的游戏化应用为例，盛大设计了经验值、血条、等级、成长进度条和排名英雄榜等游戏元素，利用"经验值"将升级的进度、日常事务和不同项目等全部量化，并与薪资和职位级别等挂钩。盛大集团还为每位员工发放了《游戏式管理攻略》手册，并不断地对系统进行打磨优化。但是，盛大的游戏化应用非但没有激励员工积极参与，反而遭到多数员工的抵制，企业绩效也因此而受创，最终只能以失败告终。同时，学术界也对企业内部游戏化的激励效果提出了质疑。例如，Flatla等（2011）在关于校准任务的游戏化实验中，虽然发现员工工作体验得到了改善，但总体而言校准的精确度没有显著差异。Friedrich等（2019）、Vesa等（2017）也发现，游戏化可能导致员工压力增加、过度参与和缺乏动力等。那么，导致游戏化应用失败或产生无效、不利结果的原因究竟是"明珠暗投"还是"盛名之下其实难副"？

通过前文的文献回顾及综述可以发现，企业内部游戏化应用尚属于较新的研究领域，研究进程还处于起步阶段，研究成果数量还不能算丰富，分析框架尚未成熟，研究结论也未形成共识，尤其在研究构念场景化和研究方法定量化方面还存在很大的继续探索空间。因此，更需要结合具体的应用场景进行大量的实证研究，以探索将副作用和意外影响的风险降至最低的有效措施（Leclercq等，2018）。

基于此，本章将采用计量研究方法探讨企业内部游戏化对员工参与行为的激励效果、实现路径及情景因素等，以期能够完善企业内部游戏化研究的分析框架，为游戏化这一新型激励工具在工作场景的应用价值提供理论依据和数据支持。同时，将游戏化的应用场景和激励对象从在线品牌社区及用户拓展至工作场景及员工，这种研究场景和对象的拓展，既有助于对企业外部游戏化激励机制在企业内部场景的适用性进行验证，从而更全面准确地揭示企业游戏化对个体参与的激励机制，也有助于对企业外部和内部两种游戏化应用模式和场景进行对比性研究。

从第四章基于情境视角对企业外部游戏化对用户参与的激励机制解释可以发现，企业游戏化系统主要通过情境的建构与解构机制激励个体参与，具体解释有以下三个方面：

首先，企业游戏化系统可以利用游戏元素作为意义共享的互动符号载体，在应用场景内生成一个使用者与自我、其他使用者，以及场景内事物之间都具有全新关联的新情境。并且，可以利用游戏元素（如排行榜、故事、等级和徽章等）所支撑和强化的游戏机制（如挑战、反馈、认可、社交和奖励等）明确新情境内互动的规则和秩序即运作共识，搭建情境框架。游戏元素符号和游戏机制框架可以共同帮助完成使用者对新情境的建构。

其次，企业游戏化系统为使用者塑造的游戏体验，其本质是新情境通过游戏机制框架令使用者感受到的对自我、其他使用者和场景内事物较强的关联感。这种情境定义会驱动使用者的情境互动，使用者的情境互动又会反过来不断地强化对情境的关联感定义，两者可以共同协助使用者对情境进行解构（即再诠释）。较强的关联感可以令使用者感受到自己的行动能够造成影响，从而赋予行动新的主观意义，使用者由此将情境编织或诠释为一个新的意义系统。将游戏化所建构的情境诠释为意义系统，也恰好与游戏的"意义媒介"属性相吻合。

最后，基于关联感的情境定义和意义诠释，可以通过影响使用者的个体情境因素，如提升自我效能，激活和强化心理需要及相应的欲望和行动动机，进而促进使用者对工具性行动的参与行为。游戏化通过新情境的建构和解构驱动个体参与行动的激励效果，也正好符合游戏的"行动探索"属性。

基于以上分析，可以初步构建情境视角下企业游戏化激励个体参与的理论解释模型（见图5-1），并作为本章研究企业内部游戏化激励员工参与的理论分析框架。

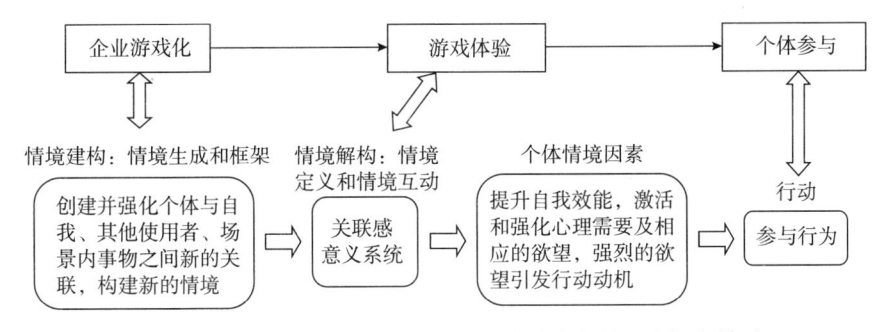

图5-1 情境视角下企业游戏化激励个体参与的理论解释模型

资料来源：笔者自行绘制。

第二节 模型构建

一、研究变量

(一) 游戏化

游戏元素是游戏化系统的基本构成。游戏元素种类繁多,学者们主要按照结构框架和内容功能两种角度对其进行分类。为了能深入剖析和对比不同类型游戏元素对员工积极心理和行为的影响效果,本书参考 Yee (2007) 基于内容功能(动机供给)角度对游戏元素的划分方法,并结合学者们对工作场景内最常被应用和研究的游戏元素进行的汇总(Hamari 等,2014;Wolf 等,2017;Dey 和 Eden,2016;Koivisto 和 Hamari,2017),将游戏元素分为成就类、沉浸类和社交类(见表 5-1)。其中,成就类元素包括四种游戏元素:积分/经验值/贡献值、奖杯/勋章/荣誉称号、排名/排行榜、虚拟货币/实体奖励,主要功能是增加员工的成就感。沉浸类元素包括三种游戏元素:故事/主题、虚拟角色/身份、任务挑战/内容解锁,主要功能是让员工沉浸在任务活动中。社交类元素包括四种游戏元素:(相对固定的)搭档、企业社交 App、组团合作、组队竞赛,主要功能是让员工之间能够实现社交互动。

表 5-1 企业内部常见游戏元素的分类和描述

类型	游戏元素	描述
成就类元素	积分/经验值/贡献值	员工可以凭借多种参与行为和良好表现赚取各种类型的分值奖励
	奖杯/勋章/荣誉称号	员工完成一些特定的任务时可获得奖杯/勋章/荣誉称号等以示对其成就的表彰
	排名/排行榜	排名/排行榜可以让员工将最近的行为表现与他人进行比较以刺激竞争
	虚拟货币/实体奖励	因行为表现突出而获得的非金钱、有价值的奖励

续表

类型	游戏元素	描述
沉浸类元素	故事/主题	企业通过讲故事的方式宣扬价值观、使命、责任和文化等
	虚拟角色/身份	在企业或部门中员工都有代表自身形象的、个性化的、有趣生动的虚拟角色或身份
	任务挑战/内容解锁	企业利用任务挑战/内容解锁来激励员工去探索和挑战非常规工作任务
社交类元素	（相对固定的）搭档	员工有（相对固定的）搭档或助手，会经常进行沟通分享，提供建议、指导和帮助
	企业社交App	企业社交App包含共享社区、聊天、评论和私信功能等
	组团合作	企业经常根据任务组建团队
	组队竞赛	企业经常会组建团队进行业务竞赛

资料来源：笔者自行整理。

相比第四章案例研究时从结构功能角度将游戏机制从游戏元素中抽离出来，以挖掘两者的结构性功能差异和协作影响关系，回答"动态激励过程"这一问题，本章从内容功能（动机供给）角度划分游戏元素，既有利于清晰对比具有不同功能的游戏元素对员工参与行为的激励效果差异，也有利于深入剖析不同游戏元素与情景因素之间的互动效应，回答"激励效用"和"激励效率"的问题。

（二）员工参与与主动行为

员工参与是一个新定义的构念，为方便在实证研究中对其进行测量，以检验企业内部游戏化对员工参与的激励效果，本书选取员工主动行为作为员工参与的代理变量。原因在于以下三个：首先，员工参与是员工自愿和自我裁量的行为投入的集合，而员工主动行为强调的也是员工在企业中实现自身价值和组织目标过程中的自发性和主动性。其次，员工参与既包括雇佣关系范畴内的职责表现，也包括雇佣关系范畴外的积极表现，而主动行为也囊括了员工角色内和角色外的多种行为，概念内涵丰富，因此，员工主动行为可以被视作员工参与行为的典型代表。最后，主动行为是一种积极的绩效特征，对企业、个人的绩效和发展都极具价值（Ismail等，2018；Wu等，2017），能够有效地反映企业内部游戏化的激励效果。因此，本书选取员工主动行为作为结果变量。

关于员工主动行为的定义，Griffin等（2007）在"*Academy of Management Journal*"期刊上发表的文章对其进行了较权威的定义，指的是员工自发地对自身的工作情形、工作角色和能力，部门或团队的状况和工作方式，以及组织的状况和运转方式等进行参与改进。其他学者如Parker等（2006）、Frese等（2007）对员工主动行为的定义与之相似，都强调员工主动行为的自发性和变革性。主动行为依据不同的目标导向，可分为亲自我、亲同事和亲组织三种导向（Belschak和Den Hartog，2010）。按照具体的行为内涵，也可归纳为三类：①个体改变组织内部环境的主动工作行为，如掌控行为、建言、自愿的组织公民行为、个体创新行为和问题预防等；②个体改变组织发展战略的主动战略行为，如战略扫描和问题推销等；③个体—环境主动契合行为，如寻求绩效反馈和主动职业生涯管理等（Parker和Collins，2010）。

员工主动行为的前因变量主要来源于个体和组织两个层面：

个体层面的变量可归纳为四种类型：

（1）工作特征类，如工作控制和时间压力等因素（Ohly等，2006；Ohly和Fritz，2010）。

（2）性格特征类，如主动性人格（Parker等，2006）、责任感（Fuller等，2006）、神经质程度（Klein等，2004）等因素。

（3）认知类，如自我构念（Wu等，2017）、政治技能（Ejaz等，2017）、对职业和组织的认同（Blader等，2017）、工作满意度（Strauss等，2015）、心理契约违背（Bal等，2011）等因素。

（4）情感类，如正面情感、负面情感或危机感若是能转换成活跃的情感能量，都可以触发员工主动行为（Doris和Sabine，2012），其中，中等水平的积极情绪对员工主动行为最有利（Lam等，2014）。

组织层面的变量主要归纳为以下两个方面：

（1）组织环境。研究表明，职位描述模糊、任务流程不规范或组织处于变革期等模棱两可的工作环境会加强个体工作角色在更广泛的社会系统中的嵌入程度（Griffin 等，2007）。一方面，当环境不确定性程度较高时，出于消除不确定性的动机，个体会通过展示一些适应性和主动性行为如寻求反馈、调整工作和预测环境等，使工作角色发生更加显性和创新性的变化，个体的自我效能感也因此提升。另一方面，在环境不确定性程度较高时，组织会更加依赖于员工的支持、变革和创新，那些自我效能感高和角色定位灵活的个体会更加主动地承担责任，更具有实施主动行为的信心，例如，突破原有规则、实施新的工作程序、提出建议和积极解决问题等，最终形成一种良性循环（Parker 等，2006）。

（2）领导风格。主动行为具有自发性和风险性，因此，包容型领导、变革型领导和领导者的责任感等都会影响个体主动行为的偏好。研究表明，包容型领导能够以更开放的心态认可个体差异、容忍下属的错误和鼓励下属，在组织中形成积极的雇佣关系氛围，从而激发员工的主动行为（刘泱等，2016）。变革型领导风格有利于拓展下属的工作角色，增强下属的组织承诺和自我效能感，从而激发下属的主动性行为，并得到较高的绩效评价（Park 和 Wu，2014；Fuller 等，2015）。交易型、关系型和变革型等领导者影响力都可以点燃下属主动行为的激情（Chiaburu 等，2014）。除领导风格外，如果领导对员工支持、负责和诚信，可减轻员工实施主动行为遭遇错误归因的后顾之忧，反之，员工则可能抑制主动行为，避免犯错和引起他人注意（崔子龙等，2015；Ellis 等，2017）。例如，领导的辱虐管理会使员工的工作投入降低，进而避免主动行为（许勤等，2015）。"领导低估型"内在认同不对称也会抑制员工主动行为（常涛等，2017）。

综上所述，个体实施主动行为的机理可概括为三种：感到有能力（can do）采取主动行为、有改变未来的动机（reason to）和能够激发（energized-to）主动行为的积极情境和经历（Wu 等，2013）。

（三）游戏体验与工作场所精神性

游戏化是能够创造游戏般积极体验的体验系统，这种游戏体验是游戏化激励的关键中介机制，可以推动使用者进一步的行为决策。但是，相比游戏化的其他应用场景如在线品牌社区和健身 App 等，工作场景更加封闭、正式和具有战略性，使用者即员工会受到来自组织制度、文化、领导和同事以及工作任务等约束。鉴于后现代管理理论在改善员工工作场所体验方面的倡导和贡献，尤其是该领域的重要构念——工作场所精神性体验，既和游戏体验一样，都能够反映游戏化使用者的价值取向和精神寄托（胡国栋和张丽然，2017），又比游戏体验更具聚焦性、对组织和员工更具价值性。因此，本书从后现代管理视域引入能够代表员工在工作域积极体验的工作场所精神性作为游戏体验在工作场景内的表征，以充当企业内部游戏化激励员工主动行为的中介传导机制。

工作场所精神性可以被看作是一种后现代趋势（Schutte，2016）。数字技术对工作方式的变革，使工作时间越来越分散，工作和生活之间的界限越来越模糊。社会变得高度"组织化"，组织成为个体最重要的社区，有时甚至超越和取代了家庭、友谊圈和社会团体，工作场所逐渐成为员工体验联系感和社区感的地方（Van Tonder 和 Ramdass，2009）。精神性是人类生活中不可或缺的一部分，员工是带着他或她的"整个人"来上班，自我不可能支离破碎。在一个公正社会中，雇佣关系必须以对员工尊严和尊重的基本承诺为基石，工作场所精神性正是建立在此基础上（Hicks，2003）。后现代管理将工作场所精神性建设视为人性内在需求的结果，而不是达到组织目的的一种手段。随着这种趋势和理念，组织管理的整体方法也在不断进行调适，尤其是注重将精神性融入工作场所（Ashar 和 Lane-Maher，2004）。

学术界对工作场所精神性（workplace spirituality，又被译作"职场灵性"或"职场精神力"）的概念存在多种定义，如国外学者 Ashmos 和 Duchon（2000）将工作场所精神性视为个体在团队背景下从事有意义的工作而获得的积极内心体验；Krahnke 等（2003）将工作场所精神性定义为能够使员工在工作过程中获得超越性体验与他人互联感的一种价值观体系；Giacalone 和 Jurkiewicz（2003）将工作场所精神性定义为员工在组织活动中体验到的有关自我超越的愉悦感和满足；Marques（2005）将工作场所精神性定义为员工在工作中所感受到的和其他员工之间的联系、信任和团体感。国内学者王明辉等（2009）在对工作场所精神性进行文献综述的基础上，认为工作场所精神性是个体在工作背景下的一种超越性体验，通过工作过程提升工作的意义与目的、培养与他人之间的联系感来丰富个体的内心生活体验，实现个体内在心灵需求与工作意义的互动，实现自我与组织的融合，从而提升个体的心灵层次，实现个体的成长与进步。Kochukalam 和 Srampickal（2018）提出，工作场所精神性是一种超越性体验，通过"自我（self）"影响下的工作场所连接（workplace connect）而产生，其中，影响自我的因素可以被概念化为精神（内在）需要、身体需要、情感需要和社会需要，特别强调来自核心的影响因素——更高的追求；工作场所连接可以通过诸如团体意识、有意义的工作、工作场所、人员、资源、获得的认可和归属感等因素来解释。

从各学者的定义中可以发现，尽管表述各自不同，但都具有以下四个共同的内在要素（Rust 和 Gabriel，2011）：①内在性，即精神性是个体的内在意识和内心感受，而不是外在的、物质的东西；②连接性，即精神性强调个体与自我、他人，甚至宇宙的连接；③意义和目的性，即精神性是一种对存在意义和目的的追求，工作给员工带来的意义和目的性正是工作场所精神性的根基（Milliman 等，2003）；④超越性，即精神性强调一种超越，以及与更大力量的互联。

由于工作场所精神性概念本身的抽象性和复杂性，国内外学者至今对其测量方法和结构维度未形成统一定论。比较有代表性意义的是 Ashmos 和 Duchon（2000）提出的工作场所精神性的七个维度：内心体验（inner life）、责任心（personal responsibility）、工作意义（meaning at work）、良好的人际关系（positive connection with others）、团体感（sense of community）、精神性的障碍物（blocks to spirituality）、沉思或冥想（contemplation）。Milliman 等（2003）认为，尽管工作场所精神性是一个多维的结构，但是超越性等因素对个体生活的影响更大，所以在 Ashmos 和 Duchon 研究的基础上提炼并选用了与工作和组织密切相关的工作意义、团体感、与组织价值观一致（alignment with organizational values）三个维度开发了测量量表。国内学者柯江林等（2014）也基于这三个核心维度开发了国内本土的测量量表。中国台湾学者 Sheng 和 Chen（2012）则结合东西方文化存在的差异性特质，从东方文化的视角开发了一份工作场所精神性的问卷,指出工作场所精神性包含内心体验、团体感和工作意义三个维度。

基于以上讨论,本书借鉴胡国栋和张丽然(2017)基于后现代管理视角的定义,认为工作场所精神性是员工基于对组织价值观的认同,在工作场所和工作过程中发现工作的意义、增强与他人的互联感而获得的一种超越性的积极心理体验。选择中国台湾学者Sheng和Chen(2012)基于东方传统文化对工作场所精神性维度的界定,分别从内心体验、工作意义和团体感来建构中国本土组织的工作场所精神性。

本质上,工作场所精神性是个体职场中的一种精神资源,是个体对组织制度、文化、氛围和价值观导向等的内化,并外显于工作态度和工作行为等(Riasudeen和Prabavathy,2011;Pradhan和Jena,2016)。因此,一方面,工作场所精神性会受到组织制度、文化、氛围和价值观导向的影响(Sheng和Chen,2012)。例如,Alas和Mousa(2016)曾试图探讨组织文化特质(参与性、一致性、适应性、使命感和知识共享)与工作场所精神(有意义的工作、团体感和与组织价值观的一致性)之间的关系,研究发现,工作场所精神性的三个维度会受到适应性和使命感的强烈影响;一致性与工作场所精神性之间存在弱相关性;参与性与工作场所精神性的两个维度,即有意义的工作和团体感之间都存在适度相关性;知识共享与工作场所精神性之间存在积极相关性。Sorakraikitikul和Siengtai(2014)也发现,组织学习型文化可以增强员工的工作场所精神性,知识共享行为具有部分中介作用。另一方面,工作场所精神性可以影响员工的工作态度和行为,进而提升组织绩效(Riasudeen和Prabavathy,2011)。例如,Houghton等(2016)对工作场所精神性的影响力作出了较全面的总结,他们认为工作场所精神性可以产生以下积极结果:直觉和创造力、承受和信任、个人成就感、承诺、工作满意度、降低离职意愿、组织公民行为、道德感、工作投入、缓冲情绪劳动、员工健康、降低压力和攻击性、降低女性的职业和社交成本。Pfeffer(2003)指出,工作场所精神性可以激发出员工对组织的高度认同感和向心力。Singh和Chopra(2018)发现,工作场所精神性(有意义的工作、兴趣一致性和毅力)可以显著预测工作卷入。Lee等（2014）认为，那些具有高工作场所精神性的员工，会表现出更好的工作绩效、道德行为和工作满意度。Pradhan和Jena（2016）发现，工作场所精神性可以提高员工的敬业度和组织承诺。

（四）游戏行为模式

已有研究表明，使用者类型与使用者对游戏元素的感知、任务表现等反映游戏化干预措施有效性的因素相关（Lopeza和Tucker，2019；Robson等，2015）。Cardador等（2017）也曾建议将员工游戏经历中的竞争导向作为游戏化激励的情景因素考虑。因此，本书引入员工的游戏行为模式（game behavior patterns）作为情景因素，探讨不同类型的游戏行为模式对游戏化激励主动行为的调节效应。

每个玩家的游戏行为模式都各不相同，而识别这些多样化的行为模式需要首先了解玩家类型。从第三章对玩家/使用者类型划分的文献回顾中可以发现，许多学者都对玩家类型进行了细致划分，如Marczewski（2013）构建的HEXAD模型将玩家类型分为社交者、自由精神者、成就者、慈善家和破坏者。Bartle（1996）根据动作与互动，玩家导向与世界导向两个维度将玩家划分为杀手、成就者、社交者和探险者。Robson等（2015）更进一步地将Bartle模型进行了修正，并依据玩家竞争性和玩家导向（玩家导向的横轴两侧分别为自我导向和他人导向）两个维度将玩家类型细分为四类：奋斗者、学习者、竞技者和社交者。本书借鉴这一划分方法，将员工在最近（电子）游戏经验中的行为模式按照竞争导向和他人导向进行类型划分（见图5-2）。其中，奋斗者和竞技者特征代表员工的竞争导向较高，学习者和社交者特征代表竞争导向较低；奋斗者和学习者特征代表他人导向较低，竞技者和社交者特征代表他人导向较高。

二、研究假设

（一）游戏元素对主动行为的影响作用

游戏化系统可以利用意义共享的互动符号载体——游戏元素，以及其背后的游戏机制框架建构出一个新的情境，并利用情境的外部性和强制性所产

竞争导向 高	**奋斗者**渴望通过获得高分实现个人发展	**竞技者**追求战胜他人，提升自己的地位
低	**学习者**更希望从游戏中学习经验	**社交者**青睐与他人建立关系和协作
	低　　　　他人导向　　　　高	

图 5-2　员工的游戏行为模式划分

资料来源：根据 Robson 等（2015）的文献整理。

生的"社会结构效应"，驱动情境内的员工做出适应性行为。企业在员工管理体系中植入游戏元素，可以为员工提供明确清晰且有挑战性的目标及成长路径，为员工创造良性的工作压力，紧张并兴奋地进入最佳竞技状态，达到聚精会神和高效解决问题的心智状态，还可以使整个组织都充满玩乐时的热情、创造性和合作精神，并激发出巨大的价值创造力。Sarangi 和 Shah（2015）的调查研究也表明，游戏化可以通过为员工注入活力、增加员工的敬业度和工作沉浸使员工完全投入工作，游戏化还有助于为员工灌输一种自身绩效和报酬的主人翁意识，缓解员工的情感耗竭，塑造出一个员工积极投入和参与的工作环境。Kumar 和 Raghavendran（2015）对德勤企业利用游戏化原则设计的竞赛项目进行的调查研究发现，该项目对包括学习与发展、奖励与认可、自豪感与主人翁意识、团队与合作、机会和品牌形象等共计 15 项企业文化产生了积极影响，这种文化影响力重新塑造了员工的行为模式，改变了大企业里盛行的"不情愿的旁观者"情形。

对于不同的游戏元素而言：首先，具有反馈、认可和奖励功能的奖杯、排行榜、积分和虚拟货币等能够满足员工成就感的成就类游戏元素，可以激发员工的好奇心、吸引员工更多有意义的关注，进而产生更多如积极寻求绩效反馈等主动行为。尤其是排行榜和挑战等成就类元素可以为工作任务赋予挑战性和竞争性，既能给员工带来成就感、紧迫感和危机感，也能打破组织惯例惰性，催促员工积极进取，诱发主动学习（Stanculescu 等，2016）、个体创新（Landers 等，2015）和主动职业生涯管理等亲自我主动行为。其次，故事、模拟现实和虚拟角色等沉浸类元素可以创造诱导式沉浸体验（Agogué 等，2015）和主人翁意识（Sarangi 和 Shah，2015），促使员工更加关心组织和部门的发展趋势，进而产生问题推销和组织公民行为（Rivers，2016）等亲组织主动行为。最后，企业社交 App 和固定搭档等社交类元素有利于提供一种和谐合作氛围，能够推动知识共享（Shpakova 等，2019）等主动行为，尤其组团合作和组队竞赛可以帮助员工在头脑风暴中产生更多的想法，在会议磨合过程中更主动地参与讨论（Moradian 等，2014），产生亲团队、亲同事的主动行为。据此，本书提出以下假设：

H1：游戏元素对员工主动行为具有积极影响作用。具体而言，企业采用的（1a）成就类游戏元素、（1b）沉浸类游戏元素、（1c）社交类游戏元素越多，越能促进员工主动行为。

（二）工作场所精神性的中介作用

游戏化系统利用游戏元素符号载体可以创建出员工与自我、同事和工作任务之间新的关联，生成一个具有全新关联的新情境。新情境可以凭借游戏机制框架在不断地情境互动中逐渐塑造出员工与情境中的自我、同事和工作任务之间较强的关联感，从而获得较强的包括内心体验、团体感和工作意义感三个维度的工作场所精神性。例如，排行榜、勋章和积分等成就类游戏元素主要可以创建员工与任务之间新的关联，其背后的反馈、认可和奖励等游戏机制则可以塑造员工与自我、工作任务之间的较强关联感，从而提升员工的内心体验和工作意义感；任务挑战和虚拟角色等沉浸类游戏元素主要可以创建员工与自我之间新的关联，其背后的竞争、获胜和地位等游戏机制可以塑造员工与自我、工作任务之间较强的关联感，从而提升员工的内心体验和工作意义感；组团合作或竞赛、企业社交 App 和固定搭档等社交类游戏元素主要可以创建员工与同事之间新的关联，其背后的社交关系机制可以塑造员工与同事之间的较强关联感，从而提升员工的团体感。以往的研究也表明，工作场所精神性会受到组织文化氛围和价值观导向等因素的影响，并能够激发员工积极的工作态度和行为（Pietersen，2014；Houghton 等，2016）。游戏元素可以为员工提供信息性和支持性的组织文化氛围，展示组织对员工的认可和支持，刺激个体产生一种对自我更高的追求（Schmidt 等，2015），这种追求可以使员工和工作场所产生关联，获得较强的工作场所精神性（Kochukalam 和 Srampickal，2018）。

较强关联感的情境定义可以为员工在情境中的行动赋予新的意义，使情境成为一个新的意义系统，最终完成员工对新情境的解构。基于意义系统的情境诠释，可以通过影响员工的个体情境因素最终激励员工发生主动行为，表现为：游戏元素激发的工作场所精神性可以使员工感受到自己能够对自我、同事或工作任务造成改变，这种能"造成改变"的影响力感知可以提升自我效能，激活和强化员工的成就、自主和社交情感等内在的精神性需要（Xi 和 Hamari，2019）。同时，游戏元素能够提供满足这些心理需要的内在奖励性指向，如取胜、赢得徽章、获得高名次和地位等，从而激活相应的欲望，尤其是较高层次的社会属性和精神属性的欲望，如对自我的超越欲、对同事的表现欲、对工作任务的支配欲和求知欲等。这些强烈的欲望可以引起行为动机，驱动主动行为。以往的研究也表明，较强的工作场所精神性可以改善员工的组织承诺、工作投入和工作满意度等工作动机和态度，令员工更加积极地达成组织目标，在组织存在低效时也更可能出现建言和组织公民行为等主动行为（Djafri 和 Kamaruzaman，2017；Devendhiran 和 Wesley，2017；Gupta 等，2014）。据此，本书提出如下假设：

H2：工作场所精神性能够在游戏元素对主动行为的影响中起中介作用。具体而言，工作意义感、团体感和内心体验都在（2a）成就类游戏元素、（2b）沉浸类游戏元素、（2c）社交类游戏元素对主动行为的影响中具有中介作用。

（三）游戏行为模式的调节作用

具有不同游戏行为模式的员工对各类游戏元素的反应程度不同，因此，员工对游戏元素建构的情境的诠释及行动取向会受到其固有游戏行为模式的影响：

首先，已有研究发现，具有较高竞争导向的奋斗者特征和竞技者特征与排行榜、积分和地位等成就类元素积极相关（Robson 等，2015；Kocadere 和

Çağlar，2018），具有相似导向的玩家特征、破坏者特征也与徽章、地位、积分等成就类元素显著正相关（Tondello 等，2017；Kotsopoulos 等，2018），说明具有高竞争导向的员工对成就类元素的反应更强烈，关注度和认可度更高。因此，相比于低竞争导向的员工，企业对高竞争导向的员工采用成就类元素进行激励，能更针对性地提升员工的关联感和投入参与的意义感，因而也更容易激发工作场所精神性和主动行为。

其次，已有研究发现，具有较低竞争导向的自由精神者特征与故事/主题、虚拟角色/身份、任务挑战和内容解锁等沉浸类元素积极相关（Kocadere 和 Çağlar，2018），说明具有较低竞争导向的员工对沉浸类元素的反应更强烈。因此，相比于高竞争导向的员工，企业对低竞争导向的员工采用沉浸类元素，能更高效地激发员工的工作场所精神性和主动行为。

最后，已有研究发现，具有高他人导向的社交者特征与团队合作、组队竞赛和搭档等社交类元素积极相关（Robson 等，2015；Kocadere 和 Çağlar，2018），具有相似导向的慈善家特征与利他主义类元素显著正相关（Tondello 等，2017），说明具有高他人导向的员工对社交类元素的反应更强烈。因此，相比于低他人导向的员工，企业对高他人导向的员工采用社交类元素，能更高效地激发员工的工作场所精神性和主动行为。据此，本书提出以下假设：

H3：员工的游戏行为模式对游戏元素与工作场所精神性的关系具有调节作用。具体而言，竞争导向在成就类元素对（3a）工作意义感、（3b）团体感和（3c）内心体验的影响中具有正向调节作用；竞争导向在沉浸类元素对（3d）工作意义感、（3e）团体感和（3f）内心体验的影响中具有负向调节作用；他人导向在社交类元素对（3g）工作意义感、（3h）团体感和（3i）内心体验的影响中具有正向调节作用。

H4：员工的游戏行为模式对游戏元素与员工主动行为的关系具有调节作用。具体而言，竞争导向在（4a）成就类游戏元素、（4b）沉浸类游戏元素对主动行为的影响中具有正向调节作用；（4c）他人导向在社交类游戏元素对主动行为的影响中起正向调节作用。

综合上述讨论，本书构建出企业内部游戏化激励员工主动行为的关系概念模型，如图 5-3 所示。

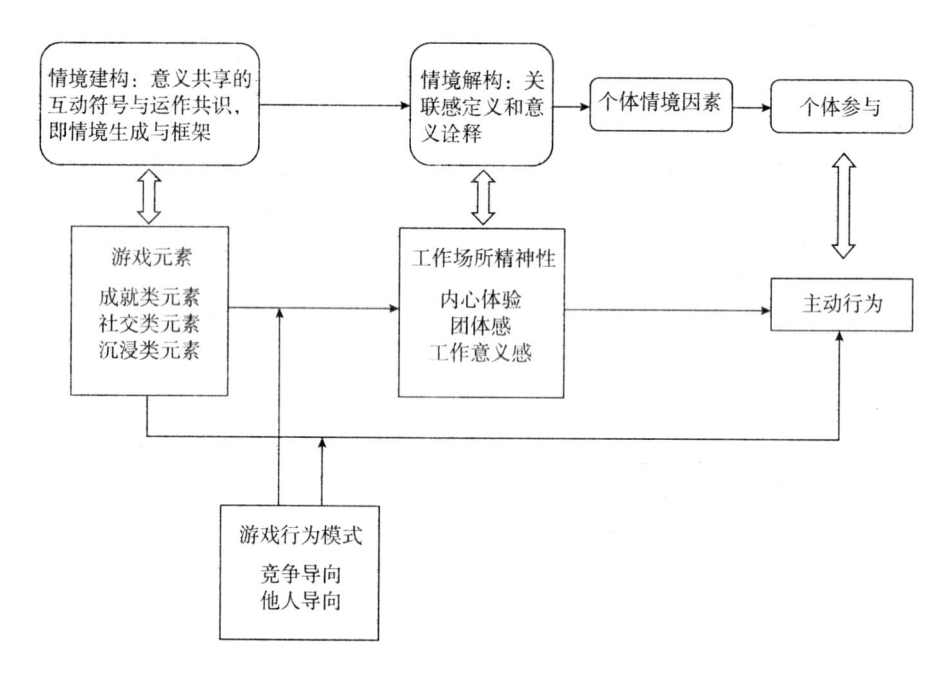

图 5-3 企业内部游戏化激励员工主动行为的关系概念模型

资料来源：根据陈园园和高良谋（2021）的文献绘制。

基于以上提出的关于游戏元素、工作场所精神性、主动行为和游戏行为模式之间的关系假设，在此对全部的研究假设进行详细汇总，如表 5-2 所示。

表 5-2 关系假设结果汇总

作用路径	关系假设
游戏元素→主动行为	H1：游戏元素对员工主动行为具有积极影响作用
	H1a：企业采用的成就类游戏元素越多，越能促进员工主动行为
	H1b：企业采用的沉浸类游戏元素越多，越能促进员工主动行为
	H1c：企业采用的社交类游戏元素越多，越能促进员工主动行为

续表

作用路径	关系假设
游戏元素→ 工作场所 精神性→ 主动行为	H2：工作场所精神性能够在游戏元素对主动行为的影响过程中起中介作用
	H2a：工作意义感、团体感和内心体验都在成就类游戏元素对主动行为的影响过程中具有中介作用
	H2b：工作意义感、团体感和内心体验都在沉浸类游戏元素对主动行为的影响过程中具有中介作用
	H2c：工作意义感、团体感和内心体验都在社交类游戏元素对主动行为的影响过程中具有中介作用
游戏行为模式 在游戏元素→ 工作场所精神性 影响过程中的 调节作用	H3：员工的游戏行为模式在游戏元素对工作场所精神性的影响过程中具有调节作用
	H3a：竞争导向在成就类游戏元素对工作意义感的影响过程中具有正向调节作用
	H3b：竞争导向在成就类游戏元素对团体感的影响过程中具有正向调节作用
	H3c：竞争导向在成就类游戏元素对内心体验的影响过程中具有正向调节作用
	H3d：竞争导向在沉浸类游戏元素对工作意义感的影响过程中具有负向调节作用
	H3e：竞争导向在沉浸类游戏元素对团体感的影响过程中具有负向调节作用
	H3f：竞争导向在沉浸类游戏元素对内心体验的影响过程中具有负向调节作用
	H3g：他人导向在社交类游戏元素对工作意义感的影响过程中具有正向调节作用
	H3h：他人导向在社交类游戏元素对团体感的影响过程中具有正向调节作用
	H3i：他人导向在社交类游戏元素对内心体验的影响过程中具有正向调节作用
游戏行为模式 在游戏元素→ 主动行为影响 过程中的调节 作用	H4：员工的游戏行为模式在游戏元素对主动行为的影响过程中具有调节作用
	H4a：竞争导向在成就类游戏元素对主动行为的影响过程中具有正向调节作用
	H4b：竞争导向在沉浸类游戏元素对主动行为的影响过程中具有正向调节作用
	H4c：他人导向在社交类游戏元素对主动行为的影响过程中具有正向调节作用

资料来源：笔者自行整理。

第三节 研究设计

一、问卷设计

（一）游戏元素的测量

首先，对游戏元素的测量进行题项内容设计。由于目前并未形成成熟的量表或固定的题项条目，因此，本书根据文献自行汇总了企业内最常被应用和研究的11种游戏元素（分别是：A. 积分/经验值/贡献值、B. 奖杯/勋章/荣誉称号、C. 排名/排行榜、D. 虚拟货币/实体奖励、E. 故事/主题、F. 虚拟角色/身份、G. 任务挑战/内容解锁、H. 相对固定的搭档、I. 企业社交App、J. 组团合作、K. 组队竞赛），并对每一个游戏元素进行了详细的描述说明（见表5-1），以使被调查者更准确地理解和识别所在企业采用的游戏元素类型。据此，问卷共设计了11个题项条目。

其次，题项选择设计。被调查者回答问卷时，需要对所在企业或部门应用了哪些游戏元素进行多项选择。如果选择项数少于3，那么表示调查对象所在企业极少使用游戏元素，不足以构建一个新的、能够产生外部性的情境，不能视作应用了游戏化系统，表明调查对象不具有代表性，将立即结束答题；如果选择项数不少于3，那么可以继续答题。

最后，统计得分。参考Yee（2007）的划分方法，从动机功能的角度将游戏元素分为成就类、社交类和沉浸类（其中，A-D为成就类游戏元素，E-G为沉浸类游戏元素，H-K为社交类游戏元素），Xi和Hamari（2019a，2019b）也都遵循这种划分方法进行过实证研究。根据每个游戏元素的选择情况，加总计算出三类游戏元素的得分情况，得分越高，说明企业采用该类游戏元素越多。例如，如果调查对象选取了ADFK，那么表示其所在企业采取的成就类、沉浸类、社交类元素分别为2、1、1个，相应地，三类元素得分分别为2、1、1。

(二) 主动行为的测量

对主动行为的测量参考了Frese等(1997)设计的问卷,主要考察员工在完成工作任务和实现组织目标过程中的自发性、创造性和前瞻性,共7个题项,如"在工作中,通常我会做得比要求的多""在工作中,我会积极进取,即使别人不这样做的时候""在工作中,每当出现问题时,我会积极寻找解决的方法""在工作中,每当有机会积极参与时,我会抓住机会"等。

(三) 工作场所精神性的测量

对工作场所精神性的测量参考了我国台湾学者Sheng和Chen(2012)以东方文化为背景开发的量表,将工作场所精神性划分为工作意义感、团体感、内心体验三个维度。其中,工作意义感维度包括9个条目,如"我的工作场所在某种程度上具有挑战性""我的工作场所提供多样化的联结和发展""在我的工作场所,我可以改变过去的自我""我的工作涉及所有人和团体之间的互动和影响"等。团体感维度包括10个条目,如"在工作中,我愿意积极帮助别人""在工作中,我愿意容忍别人""在工作中,我能做到诚实、平等和爱""在工作中,我愿意牺牲自己,不索取荣誉"等。内心体验维度包括8个条目,如"在工作中,我接受自己""在工作中,我觉得我被别人认同了""在工作中,我感到平和,有归属感""我的情绪稳定,能承受压力"等。

(四) 游戏行为模式的测量

员工的游戏行为模式包括竞争导向和他人导向两个维度。对该变量的测量参考Robson等(2015)以竞争导向和玩家导向为维度将玩家类型划分为奋斗者、竞技者、学习者和社交者。其中,奋斗者渴望通过获得高分实现个人发展;竞技者追求战胜他人,提升自己的地位;学习者则更希望从游戏中学习经验;社交者青睐与他人建立关系和协作。被调查者可根据自身在最近电子游戏经验中的行为模式选择一种主要特征类型,选择奋斗者或竞技者特征代表具有高竞争导向,选择学习者或社交者特征代表具有低竞争导向;选择奋斗者或学习者特征代表具有低他人导向,选择竞技者或社交者特征代表具有高他人导向。

为避免社会称许性，主动行为量表和工作场所精神性量表的条目都采用李克特6点计分法进行测量（1表示完全不符合，6表示完全符合）。为确保测量问卷的信度和效度，严格遵守"翻译—回译"程序，以确保条目含义的准确性。此外，本书选取性别、年龄、岗位、工龄、学历和职级等基本人口特征作为控制变量。

二、样本数据收集

（一）样本筛选

新生代员工在时间存在感和空间存在感等方面明显更强，例如，更喜欢在移动平台上寻找存在感和慰藉感，在时间感上他们不再喜欢等待，所有的交流沟通都希望能获得即时反馈。而这些变化要归因于网络，尤其是电子游戏。电子游戏在新生代员工的成长过程中扮演了举足轻重的角色，他们不但对电子游戏的形式更加熟悉，而且对其中的乐趣有更切身的体会。电子游戏在他们心中已经获得相当高的合法性，在此基础上，新生代员工更有可能快速接受企业内部游戏化应用实践，并产生期望的激励效果。考虑到服务业、高科技和互联网行业的企业以伴随着电子游戏成长的新生代员工为主，更可能采用游戏元素，因此，问卷调查以这些行业内的企业员工为主要样本对象。

（二）数据收集

本书通过问卷调查的方法收集数据，样本来源途径主要有三种：一是向部分高校MBA课程班的学员现场发放纸质问卷；二是通过在职的熟人介绍，向其同事发放电子版问卷；三是借助问卷星付费样本服务发放问卷。此次调研共回收480份问卷，剔除部分无效问卷，共得到435份有效样本数据，问卷有效率90.6%。

三、基本统计分析

（一）样本的人口统计状况

样本的具体人口统计状况如表5-3所示。其中，在性别分布中，男性和女性占比分别为 46.4% 和 53.6%，性别占比较均衡；在年龄分布中，以 26~35 岁的员工为主体，合计占比 77.7%；在岗位分布中，管理和技术性岗位占比较大，分别占 40.5% 和 34.7%；在工龄分布中，53.3% 的样本工龄不超过五年；在学历分布中，86.2% 的样本具有大学本科及以上学历；在职级构成中，中、基层员工的比重分别为 49.9% 和 47.1%。这些数据表明本书研究样本的人口分布结构比较合理。

表 5-3　样本的人口统计状况（N=435）

类别	特征	样本数	占比（%）	类别	特征	样本数	占比（%）
性别	男	202	46.4	工龄	2 年及以下	71	16.3
	女	233	53.6		3~5 年	161	37.0
年龄	25 岁及以下	60	13.8		6~10 年	172	39.5
	26~29 岁	152	34.9		11 年及以上	31	7.1
	30~35 岁	186	42.8	学历	高中及以下	7	1.6
	36 岁及以上	37	8.5		大专	53	12.2
岗位	文职工作	75	17.2		大学本科	335	77.0
	管理性工作	176	40.5		硕士及以上	40	9.2
	技术性工作	151	34.7	职级	基层员工	205	47.1
	市场性工作	29	6.7		中层管理者	217	49.9
	其他	4	0.9		高层领导者	13	3.0

（二）信度和效度检验

1. 主动行为的信度和效度检验

对主动行为题项进行验证性因子分析（CFA），结果显示，样本检验的统计量 KMO 值为 0.774，Bartlett 近似卡方值为 375.099，$p<0.001$。采用主成分分析提取出 1 个公因子，所有题项的因子载荷均大于 0.5，公因子贡献率为 57.348%，表明量表具有较好的效度。同时，可靠性分析结果显示，总量表的 Cronbach' α 系数为 0.752，表明量表具有较高的内部一致性。表 5-4 对主动行为量表的验证性因子分析和可靠性分析结果进行了汇总。

表 5-4 主动行为量表的验证性因子和可靠性分析结果汇总

题项条目	因子载荷	公因子贡献率	KMO 值	Bartlett 近似卡方值	Cronbach'α 系数
PB-1：在工作中，我会主动地解决问题	0.510	57.348%	0.774	375.099（p<0.001）	0.752
PB-2：在工作中，每当有机会积极参与时，我会抓住机会	0.523				
PB-3：在工作中，我会积极进取，即使别人不这样做的时候	0.551				
PB-4：在工作中，为了实现目标，我会快速把握机会	0.549				
PB-5：在工作中，通常我会做得比要求的多	0.571				
PB-6：在工作中，我特别擅长实现目标，完成工作任务	0.561				
PB-7：在工作中，每当问题出现时，我会积极寻找解决的方法	0.612				

2. 工作场所精神性的信度和效度检验

对工作场所精神性的 27 个题项进行验证性因子分析（CFA）以确定量表的最佳结构。采用主成分分析与最大方差旋转法进行因子分析。结果显示，提取出三个公因子后，其中 9 个题项在所有公因子上因子载荷都不足 0.5，考虑将其删除。删除后，其余 18 个题项在其对应的公因子上因子载荷均大于 0.5，统计量 KMO 值为 0.932，Bartlett 近似卡方值为 2659.662，p<0.001，公因子贡献率分别为 19.089%、17.829%、16.309%，累计贡献率为 53.227%，表明修正后的量表具有较好的效度。同时，可靠性分析结果显示，总量表的 Cronbach'α 系数为 0.900，工作意义感、团体感和内心体验三个维度的 Cronbach'α 系数分别为 0.794、0.815 和 0.777，均大于 0.7，说明修正后的量表具有较高的内部一致性。表 5-5 对修正后的工作场所精神性量表的验证性因子分析和可靠性分析结果进行了汇总。

表5-5 工作场所精神性量表的验证性因子分析和可靠性分析结果汇总

维度	题项条目	因子载荷	公因子贡献率	Cronbach'α	总量表的Cronbach'α	公因子累计贡献率	KMO值	Bartlett近似卡方值
工作意义感	MW-1：我的工作场所在某种程度上具有挑战性	0.608	19.089%	0.794	0.900	53.227%	0.932	2659.662
	MW-2：我的工作场所提供多样化的联结和发展	0.640						
	MW-4：在我的工作场所，我可以改变过去的自我	0.513						
	MW-5：我的工作涉及所有人和团队之间的互动和影响	0.598						
	MW-7：我的工作场所强调个人经验	0.654						
	MW-8：我的工作环境对我有积极的影响，例如，领导者是模范	0.744						
团体感	CS-1：在工作中，我愿意以积极的态度和关心影响他人	0.514	17.829%	0.815				
	CS-2：在工作中，我愿意积极帮助别人	0.585						
	CS-3：在工作中，我知道如何调解自己	0.672						
	CS-4：在工作中，我知道如何从不同的角度思考	0.556						
	CS-6：在工作中，我愿意容忍别人	0.545						

续表

维度	题项条目	因子载荷	公因子贡献率	Cronbach'α	总量表的Cronbach'α	公因子累计贡献率	KMO值	Bartlett近似卡方值
团体感	CS-8：在工作中，我愿意牺牲自己，不索取荣誉	0.701	17.829%	0.815				
	CS-9：在工作中，我会反思自己的错误并加以改进	0.545						
内心体验	IL-3：在工作中，我接受自己	0.659	16.309%	0.777	0.900	53.227%	0.932	2659.662
	IL-4：在工作中，我觉得我被别人认同了	0.727						
	IL-5：在工作中，我认识到自己的成长，而且我受到了鼓舞	0.624						
	IL-7：在工作中，我愿意承担责任，勤勉持之以恒	0.764						
	IL-8：在工作中，我感到平和、有归属感；我的情绪稳定，能承受压力	0.511						

此外，本书还采用Mplus7.0对主动行为量表以及修正后的工作场所精神性量表进行了验证性因子分析（CFA），如表5-6所示，模型1的拟合指标：$\chi^2/df = 2.120$，$CFI = 0.974$，$TLI = 0.960$，$SRMR = 0.033$，$RMSEA = 0.051$；模型2的拟合指标：$\chi^2/df = 2.035$，$CFI = 0.951$，$TLI = 0.940$，$SRMR = 0.038$，$RMSEA = 0.049$。通过模型拟合指标与评估标准进行比对可知，两个模型都可以被接受。

表5-6 量表的验证性因子分析主要拟合指标结果

拟合指数	χ^2/df	CFI	TLI	SRMR	RMSEA
模型1	2.120	0.974	0.960	0.033	0.051

续表

拟合指数	χ^2/df	CFI	TLI	SRMR	RMSEA
模型2	2.035	0.951	0.940	0.038	0.049
评估标准	<3	>0.9	>0.9	<0.05	<0.08

（三）描述性统计与相关性分析

对游戏元素的样本分布情况进行描述性统计分析。由表5-7可知，从总体上来看，游戏元素的得分区间为[3,11]，均值为4.22。在435个调查样本所在的企业中，46.4%的企业仅采用3种游戏元素，35.4%的企业采用4~5种游戏元素，而采用了8~11种游戏元素的企业仅占4.4%。从单类游戏元素的均值来看，三类元素的均值都低于中间值，说明样本企业采用的游戏元素无论总体还是单类都较少。成就类元素的均值为1.93，高于另外两类元素，而且，仅有49家样本企业完全没有采用成就类元素。相较之下，有120家样本企业完全没有采用沉浸类元素，有141家样本企业完全没有采用社交类元素，这些都表明成就类元素更容易受到企业青睐，在企业内部游戏化系统中的应用最广。

表5-7 游戏元素的描述性统计分析

变量	均值	得分	样本数	占比（%）	变量	均值	得分	样本数	占比（%）
游戏元素	4.22	3	202	46.4	沉浸类元素	1.03	0	120	27.6
		4~5	154	35.4			1	197	45.3
		6~7	60	13.8			2	102	23.4
		8~11	19	4.4			3	16	3.7
成就类元素	1.93	0	49	11.3	社交类元素	1.26	0	141	32.4
		1	98	22.5			1	128	29.4
		2	152	34.9			2	97	22.3
		3	107	24.6			3	52	12.0
		4	29	6.7			4	17	3.9

采用皮尔逊相关分析方法对各变量的相关关系进行了分析，表5-8显示了所有变量的均值、标准差和相关系数。其中，成就类元素与沉浸类元素

表 5-8 变量的描述性统计分析与相关性

变量	Ac	Im	So	MW	CS	IL	PB	CO	OT	性别	年龄	学历	工龄	岗位	职级
Ac	1														
Im	−0.159**	1													
So	−0.358**	0.095*	1												
MW	−0.125**	0.197**	0.192**	1											
CS	−0.097*	0.231**	0.131**	0.649**	1										
IL	−0.126**	0.190**	0.097*	0.561**	0.657**	1									
PB	−0.121**	0.202**	0.107*	0.561**	0.520**	0.420**	1								
CO	0.057	−0.069	0.046	0.076	0.081	0.048	0.074	1							
OT	−0.003	0.041	0.108*	0.110*	0.105*	0.007	0.084*	−0.160**	1						
性别	−0.027	−0.037	−0.030	−0.053	−0.073	−0.045	−0.045	−0.018	−0.062	1					
年龄	−0.077	−0.104*	−0.003	0.102*	0.062	0.093*	0.092*	0.031	−0.026	−0.128**	1				
学历	0.041	0.075	0.023	0.069	0.098*	0.097*	0.054	0.066	−0.025	0.127**	−0.076	1			
工龄	0.015	−0.061	−0.016	0.159**	0.135**	0.145**	0.082*	0.103*	−0.033	−0.186**	0.717**	−0.050	1		
岗位	0.059	−0.012	0.018	−0.006	−0.008	−0.023	0.028	0.019	0.011	−0.176**	−0.026	−0.015	−0.071	1	
职级	0.036	0.037	−0.120**	0.133**	0.174**	0.113**	0.094**	−0.040	0.056	−0.093*	0.297**	0.104*	0.349**	−0.084*	1
M	1.93	1.03	1.26	4.54	4.42	4.24	4.82	1.67	1.56	1.54	2.64	2.94	2.56	2.34	1.56
SD	1.089	0.811	1.147	0.674	0.717	0.850	0.687	0.471	0.497	0.499	0.903	0.524	0.874	0.871	0.554

注：Ac、Im、So 分别表示成就类、沉浸类、社交类游戏元素；MW、CS、IL 分别表示工作意义感、团体感、内心体验；PB 表示主动行为；CO、OT 分别表示竞争导向、他人导向，下同。M、SD 分别表示均值、标准差。*、** 分别表示在 0.05 和 0.01 级别（单尾）相关性显著。

(r=-0.159, p<0.01)、社交类元素（r=-0.358, p<0.01）都显著负相关，说明成就类元素与另两类元素可能存在互斥情况；而沉浸类和社交类元素显著正相关（r=0.095, p<0.05），说明两类元素可能常被同时采用。

成就类元素与工作场所精神性的三个维度工作意义感（r=-0.125, p<0.01）、团体感（r=-0.097, p<0.05）、内心体验（r=-0.126, p<0.01）都显著相关；沉浸类元素与工作场所精神性的三个维度工作意义感（r=0.197, p<0.01）、团体感（r=0.231, p<0.01）、内心体验（r=0.190, p<0.01）都显著相关；社交类元素与工作场所精神性的三个维度工作意义感（r=0.192, p<0.01）、团体感（r=0.131, p<0.01）、内心体验（r=0.097, p<0.05）也都显著相关。

主动行为与成就类元素（r=-0.121, p<0.01）、沉浸类元素（r=0.202, p<0.01）、社交类元素（r=0.107, p<0.05）都显著相关，与工作场所精神性的三个维度工作意义感（r=0.561, p<0.01）、团体感（r=0.520, p<0.01）、内心体验（r=0.420, p<0.01）也都显著相关。

这些结果为本书提出的理论假设提供了初步的数据支持。

（四）同源方法偏差检验

为避免因所有题项数据来自同一样本所引起的同源方法偏差问题，在问卷调查时特意向被调查者强调了填答问卷的匿名性和信息保密性，并承诺问卷数据仅供学术研究使用，以确保答卷人能够放心答题从而获得更真实的信息。同时，依据周浩和龙立荣（2004）介绍的对共同方法的统计检验方法，采用 Harman 单因素方法检验，对所有测量变量的题项条目进行主成分因子分析，分析结果表明，第一个公因子解释了 32.0% 的变异量，未超过建议值 50%。因此，本书数据的同源方法偏差并不严重。为更进一步检验同源方法偏差问题，本书先将所有题项指定给一个共同的潜变量组成模型 1 进行验证性因子分析，各项指标结果如下：$\chi^2/df = 2.616$，CFI = 0.871，TLI = 0.857，SRMR = 0.061，RMSEA = 0.051；再将所有题项指定给各自所测量的潜变量组成模型 2 进行验证性因子分析，各项指标结果如下：$\chi^2/df = 2.247$，CFI = 0.905，TLI = 0.890，SRMR = 0.046，RMSEA = 0.054。模型 2 的各项拟和指标优于模型1,说明变量之间可明显区分,进一步说明同源方法偏差在可接受范围之内。

第四节 回归分析

本书采用多元回归分析方法,使用SPSS 25.0对假设进行检验。为保证研究的可靠性,采用Marquardt(1970)提出的方差膨胀因子(VIF)诊断变量的共线性,结果显示主要变量的VIF值均在2以下,远低于临界值5,因此,变量间不存在较强的多重共线性问题。

一、游戏元素对主动行为的主效应检验

主效应的回归分析结果如表5-9所示,检验结果表明,在控制了性别、年龄、岗位、工龄、学历和职位等变量后,成就类元素对主动行为(M1-2:$\beta=-0.126$,$p<0.01$)具有显著的负向影响,说明成就类元素会抑制员工的主动行为,H1a未得到验证。沉浸类元素对主动行为(M1-3:$\beta=0.207$,$p<0.001$)具有显著的正向影响,说明沉浸类元素能够促进员工主动行为,H1b得到验证。社交类元素对主动行为(M1-4:$\beta=0.115$,$p<0.05$)具有显著的正向影响,说明社交类元素能够促进员工主动行为,H1c得到验证。

表5-9 主效应回归分析结果

	主动行为			
	M1-1	M1-2	M1-3	M1-4
性别	-0.022	-0.033	-0.018	-0.026
年龄	0.087*	0.043*	0.092*	0.063*
学历	0.047	0.062	0.044	0.053
工龄	-0.001	0.028	0.012	0.011

续表

	主动行为			
	M1-1	M1-2	M1-3	M1-4
岗位	0.027	0.039	0.035	0.031
职级	0.069	0.070	0.052	0.080
Ac		−0.126**		
Im			0.207***	
So				0.115*
R^2	0.019	0.034	0.060	0.031
ΔR^2	—	0.015	0.041	0.013
Adj-R^2	0.005	0.018	0.045	0.016
F	1.347	2.150*	3.912***	1.983*

注：*表示p<0.05，**表示p<0.01，***表示p<0.001，下同。

二、工作场所精神性的中介效应检验

本书采用层次回归（Hierarchical Regression Modeling，HRM）方法验证工作场所精神性在游戏元素与主动行为之间的中介作用。根据Baron和Kenny（1985）的建议，工作场所精神性具有中介作用需同时满足以下四个条件：①三类游戏元素都对主动行为具有显著影响；②三类游戏元素对工作场所精神性的三个维度都分别具有显著影响；③工作场所精神性的三个维度都对主动行为具有显著影响；④游戏元素与工作场所精神性同时进入回归方程解释主动行为时，工作场所精神性的作用依旧显著而且游戏元素的作用消失（完全中介作用）或减弱（部分中介作用）。条件①在表5-9显示的主效应分析结果中得到满足，接下来本书将利用中介效应的回归分析结果表5-10、表5-11和表5-12依次对条件②、③、④进行验证。

表5-10的检验结果表明，成就类对工作意义感（M2-1：β=−0.140，p<0.01）、团体感（M2-4：β=−0.118，p<0.05）、内心体验（M2-7：β=−0.139，p<0.01）三个工作场所精神性的维度全部具有显著影响；沉浸类对

工作意义感（M2-2：β=0.199，p<0.001）、团体感（M2-5：β=0.223，p<0.001）、内心体验（M2-8：β=0.190，p<0.001）三个工作场所精神性的维度全部具有显著影响；社交类对工作意义感（M2-3：β=0.206，p<0.001）、团体感（M2-6：β=0.148，p<0.01）、内心体验（M2-9：β=0.104，p<0.05）三个工作场所精神性的维度全部具有显著影响。

表5-10 工作场所精神性的中介效应回归分析结果1

	工作意义感			团体感			内心体验		
	M2-1	M2-2	M2-3	M2-4	M2-5	M2-6	M2-7	M2-8	M2-9
性别	-0.031	-0.017	-0.020	-0.057	-0.042	-0.049	-0.034	-0.020	-0.027
年龄	-0.054	-0.004	-0.035	-0.099	-0.050	-0.083	-0.045	0.004	-0.023
学历	0.075	0.057	0.061	0.095	0.077	0.085	0.105*	0.088	0.096*
工龄	0.170*	0.151*	0.150*	0.154*	0.139*	0.138*	0.156	0.137*	0.136
岗位	0.016	0.011	0.007	0.010	0.007	0.003	-0.004	-0.009	-0.013
职级	0.085	0.067	0.108*	0.139**	0.121*	0.155**	0.063	0.045	0.071
Ac	-0.140**			-0.118*			-0.139**		
Im		0.199***			0.223***			0.190***	
So			0.206***			0.148**			0.104*
R^2	0.057	0.077	0.079	0.064	0.099	0.072	0.055	0.071	0.047
ΔR^2	0.019	0.039	0.041	0.014	0.049	0.022	0.019	0.035	0.011
Adj-R^2	0.042	0.061	0.064	0.049	0.084	0.056	0.039	0.056	0.031
F	3.692***	5.056***	5.263***	4.161***	6.673***	4.711***	3.527***	4.668***	2.98***

表5-11的检验结果表明，工作场所精神性的三个维度工作意义感对主动行为（M2-11：β=0.560，p<0.001）、团体感对主动行为（M2-12：β=0.522，p<0.001）、内心体验对主动行为（M2-13：β=0.414，p<0.001）都具有显著的正向影响。

表 5-11 工作场所精神性的中介效应回归分析结果 2

	主动行为			
	M2-10	M2-11	M2-12	M2-13
性别	-0.031	-0.015	-0.002	-0.018
年龄	0.067	0.083	0.107	0.075
学历	0.058	0.018	0.010	0.016
工龄	0.011*	-0.073	-0.061	-0.046
岗位	0.031	0.027	0.030	0.036
职级	0.064	0.020	-0.006	0.041
MW		0.560***		
CS			0.522***	
IL				0.414***
R^2	0.019	0.320	0.277	0.183
ΔR^2	—	0.201	0.259	0.165
Adj-R^2	0.005	0.309	0.265	0.170
F	1.347	28.698***	23.404***	13.708***

表5-12的检验结果显示,在模型 M2'-1 中,成就类元素对主动行为($\beta=-0.126$, $p<0.01$)具有显著的负向影响,模型 M2'-2 在 M2'-1 的基础上加入工作意义感后,工作意义感的回归系数为0.553($p<0.001$),说明工作意义感中介成就类元素对主动行为的影响,中介效应为0.077(0.140×0.553);模型 M2'-3 在 M2'-1 的基础上加入团体感后,团体感的回归系数为0.514($p<0.001$),说明团体感也中介成就类元素对主动行为的影响,中介效应为0.061(0.118×0.514);模型 M2'-4 在 M2'-1 的基础上加入内心体验后,内心体验的回归系数为0.404($p<0.001$),说明内心体验也中介成就类元素对主动行为的影响,中介效应为0.056(0.139×0.404)。综上所述,模型 M2-1、M2-4、M2-7、M2-11 至 M2-13 以及 M2'-1 至 M2'-4 表明,工

场所精神性的三个维度——工作意义感、团体感和内心体验都可以在成就类元素对主动行为的消极影响中起中介作用，其中，工作意义感的中介效应最大，H2a得到验证。

在模型M2'-5中，沉浸类元素对主动行为（$\beta=0.247$，$p<0.01$）具有显著的正向影响，模型M2'-6在M2'-5的基础上加入工作意义感后，工作意义感的回归系数为0.540（$p<0.001$），说明工作意义感中介沉浸类元素对主动行为的影响，中介效应为0.107（0.199×0.540）；模型M2'-7在M2'-5的基础上加入团体感后，团体感的回归系数为0.500（$p<0.001$），说明团体感也中介沉浸类元素对主动行为的影响，中介效应为0.112（0.223×0.500）；模型M2'-8在M2'-5的基础上加入内心体验后，内心体验的回归系数为0.388（$p<0.001$），说明内心体验也中介沉浸类元素对主动行为的影响，中介效应为0.074（0.190×0.388）。综上所述，模型M2-2、M2-5、M2-8、M2-11至M2-13以及M2'-5至M2'-8表明，工作场所精神性的三个维度都可以在沉浸类元素对主动行为的积极影响中起中介作用，其中，团体感的中介效应最大，H2b得到验证。

在模型M2'-9中，社交类元素对主动行为（$\beta=0.115$，$p<0.05$）具有显著的正向影响，模型M2'-10在M2'-9的基础上加入工作意义感后，工作意义感的回归系数为0.560（$p<0.001$），说明工作意义感中介社交类元素对主动行为的影响，中介效应为0.124（0.206×0.560）；模型M2'-11在M2'-9的基础上加入团体感后，团体感的回归系数为0.516（$p<0.001$），说明团体感也中介社交类元素对主动行为的影响，中介效应为0.076（0.148×0.516）；模型M2'-12在M2'-9的基础上加入内心体验后，内心体验的回归系数为0.406（$p<0.001$），说明内心体验也中介社交类元素对主动行为的影响，中介效应为0.042（0.104×0.406）。综上所述，模型M2-3、M2-6、M2-9、M2-11至M2-13以及M2'-9至M2'-12表明，工作场所精神性的三个维度都可以在社交类元素对主动行为的积极影响中起中介作用，其中，工作意义感的中介效应最大，H2c得到验证。

表5-12 工作场所精神性的中介效应回归分析结果3

	主动行为											
	M2'-1	M2'-2	M2'-3	M2'-4	M2'-5	M2'-6	M2'-7	M2'-8	M2'-9	M2'-10	M2'-11	M2'-12
性别	-0.033	-0.015	-0.003	-0.019	-0.018	-0.009	0.003	-0.011	-0.026	-0.015	0.001	-0.015
年龄	0.043	0.073	0.094	0.061	0.092	0.094*	0.117	0.090	0.063	0.083	0.105	0.072
学历	0.062	0.021	0.013	0.019	0.044	0.013	0.006	0.010*	0.053	0.018	0.009	0.014
工龄	0.028*	-0.066*	-0.051*	-0.035	0.012	-0.070	-0.058	-0.042	0.011*	-0.073	-0.060	-0.045
岗位	0.039	0.030	0.034	0.041	0.035	0.029	0.032	0.039*	0.031	0.027	0.030	0.036
职级	0.070	0.023	-0.002	0.045	0.052	0.016	-0.009	0.034	0.080	0.020	0.001	0.052
Ac	-0.126**	-0.049	-0.065	-0.070								
Im					0.247**	0.099*	0.095*	0.133**				
So									0.115*	0.025	0.038	0.072
MW		0.553***				0.540***						
CS			0.514***				0.500***				0.516***	
IL				0.404***				0.388***		0.560***		0.406***
R^2	0.034	0.322	0.281	0.188	0.060	0.329	0.286	0.200	0.031	0.320	0.279	0.189
ΔR^2	—	0.288	0.247	0.154	—	0.269	0.225	0.258	—	0.288	0.247	0.157
Adj-R^2	0.018	0.309	0.286	0.173	0.045	0.317	0.272	0.185	0.016	0.307	0.265	0.173
F	2.150*	25.314***	20.849***	12.343***	3.912***	26.135***	21.299***	13.324***	1.983	25.052***	20.575***	12.375***

三、游戏行为模式的调节效应检验

游戏行为模式在游戏元素与工作场所精神性关系中的调节效应回归分析结果如表 5-13 所示，模型 M3-2 分析了成就类元素与竞争导向的交互项对工作意义的回归系数 β=0.343（p<0.05），说明竞争导向在成就类元素对工作意义感的影响作用中起正向调节作用。但在将交互项分别对团体感、内心体验进行回归时，系数均不显著，故 H3a 得到验证，H3b 和 H3c 未得到验证。竞争导向在沉浸类元素对工作意义感、团体感、内心体验影响中的调节作用均未得到显著性数据支持，故 H3d、H3e、H3f 未得到验证。模型 M3-4 显示社交类元素与他人导向的交互项对内心体验的回归系数 β=0.423（p<0.01），说明他人导向在社交类元素对内心体验的积极影响中起正向调节作用，但交互项对工作意义和团体感的回归系数都不显著，故 H3i 得到验证，H3g、H3h 未得到验证。

表 5-13 游戏行为模式的调节效应回归分析结果

	工作意义感		内心体验		主动行为			
	M3-1	M3-2	M3-3	M3-4	M3-5	M3-6	M3-7	M3-8
性别	-0.030	-0.033	-0.027	-0.027	-0.032	-0.035	-0.022	-0.021
年龄	-0.050	-0.050	-0.023	-0.022	0.048	0.048	0.064	0.064
学历	0.069	0.073	0.096*	0.089	0.056	0.060	0.055	0.050
工龄	0.157*	0.161*	0.136*	0.131	0.014	0.019	0.015	0.011
岗位	0.015	0.021	-0.013	-0.014	0.038	0.045	0.031	0.030
职级	0.092	0.080	0.071	0.072	0.077	0.064	0.074	0.074
Ac	-0.143**	-0.332**			-0.130**	-0.260**		
So			0.105*	-0.270			0.107*	-0.167
CO	0.068	-0.080			0.077	-0.092		
OT			-0.003	-0.127*			0.071	-0.020
Ac×CO		0.343*				0.391*		
So×CO								

续表

	工作意义感		内心体验		主动行为			
	M3-1	M3-2	M3-3	M3-4	M3-5	M3-6	M3-7	M3-8
So×OT				0.423**				0.308*
R^2	0.062	0.069	0.047	0.060	0.040	0.049	0.036	0.043
ΔR^2	—	0.007	—	0.013	—	0.009	—	0.007
Adj-R^2	0.044	0.049	0.029	0.040	0.022	0.029	0.018	0.023
F	3.494**	3.498**	2.602**	2.994**	2.206*	2.453**	2.009*	2.136*

为更进一步明确上述调节效应的形态，通过简单斜率分析，以调节变量竞争导向和他人导向的均值各加减一个标准差为分组标准，分别在高竞争导向（+1SD）和低竞争导向（-1SD）情况下，对成就类元素与工作意义感关系中的调节作用绘制调节效应图（见图5-4）；分别在高他人导向（+1SD）和低他人导向（-1SD）情况下，对社交类元素与内心体验关系中的调节作用绘制调节效应图（见图5-5）。由图5-4可知，当竞争导向较低时，成就类元素对工作意义感具有显著抑制作用（simple slope = -0.420，$p<0.01$）；而当竞争导向较高时，这种抑制作用便不再显著（simple slope = -0.118，$p>0.05$）。由图5-5可知，当他人导向较高时，社交类元素对内心体验具有显著促进作用（simple slope = 0.187，$p<0.05$）；而当他人导向较低时，这种促进作用便不存在甚至转变为抑制作用（simple slope = -0.353，$p<0.01$）。

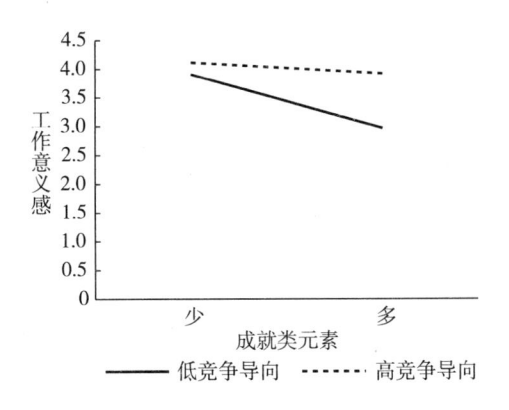

图5-4 竞争导向对成就类元素与工作意义感关系的调节效应

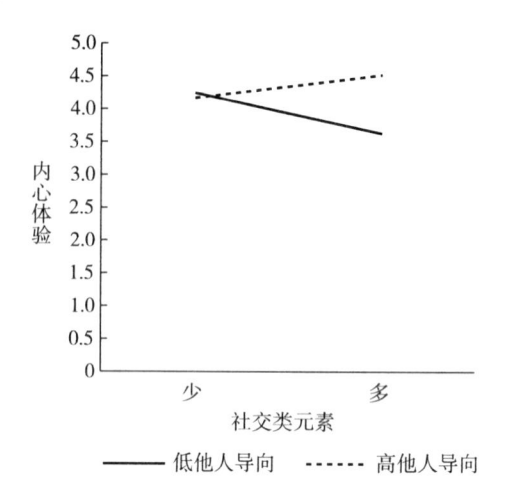

图 5-5　他人导向对社交类元素与内心体验关系的调节效应

游戏行为模式在游戏元素与主动行为关系中的调节效应检验回归分析结果如表 5-13 所示，模型 M3-6 显示成就类元素与竞争导向的交互项对主动行为的回归系数 $\beta = 0.391$（$p<0.05$），说明竞争导向可以在成就类元素对主动行为的影响中起正向调节作用，H4a 得到验证。模型 M3-8 显示社交类元素与他人导向的交互项对主动行为的回归系数 $\beta = 0.308$（$p<0.05$），说明他人导向可以在社交类元素对主动行为的积极影响中起正向调节作用，H4c 得到验证。此外，竞争导向在沉浸类对主动行为影响中的调节作用未得到显著性数据支持，故 H4b 未得到验证。

为更进一步明确上述调节效应的形态，通过简单斜率分析，分别在高竞争导向（+1 SD）和低竞争导向（-1 SD）情况下，对成就类元素与主动行为关系中的调节作用绘制调节效应图（见图 5-6）；分别在高他人导向（+1 SD）和低他人导向（-1 SD）情况下，对社交类元素与主动行为关系中的调节作用绘制调节效应图（见图 5-7）。由图 5-6 可知，当竞争导向较低时，成就类元素对主动行为具有显著消极作用（simple slope = -0.311，$p<0.01$）；而当竞争导向较高时，这种消极作用便不再显著（simple slope = -0.120，$p>0.05$）。由图 5-7 可知，当他人导向较高时，社交类元素对主动行为具有显著积极作用（simple slope=0.210，p<0.01）；而当他人导向较低时，这种积极作用就会转变为消极作用（simple slope=-0.275，p<0.05）。

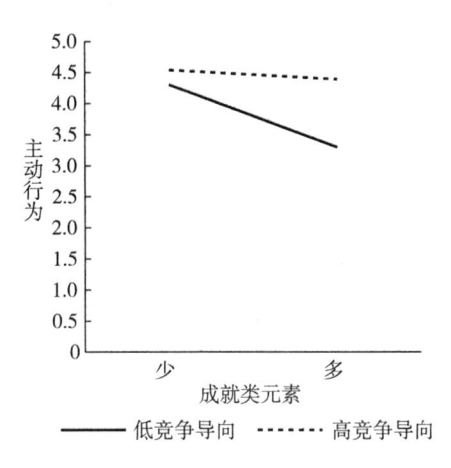

图 5-6 竞争导向对成就类元素与主动行为关系的调节效应

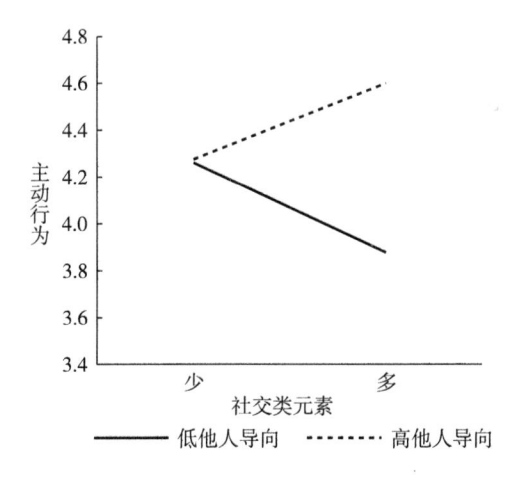

图 5-7 他人导向对社交类元素与主动行为关系的调节效应

四、假设检验结果汇总

依据回归分析结果，对关系假设的检验结果进行汇总，如表 5-14 所示。

其中，主效应和中介效应基本都得到了显著性数据支持，调节效应只有部分假设得到验证。

表 5-14 假设检验结果汇总

关系假设	检验结果
H1：游戏元素对员工主动行为具有积极影响作用	
H1a：企业采用的成就类游戏元素越多，越能促进员工主动行为	不支持（负向）
H1b：企业采用的沉浸类游戏元素越多，越能促进员工主动行为	支持
H1c：企业采用的社交类游戏元素越多，越能促进员工主动行为	支持
H2：工作场所精神性能够在游戏元素对主动行为的影响中起中介作用	
H2a：工作意义感、团体感和内心体验都在成就类游戏元素对主动行为的影响中具有中介作用	支持
H2b：工作意义感、团体感和内心体验都在沉浸类游戏元素对主动行为的影响中具有中介作用	支持
H2c：工作意义感、团体感和内心体验都在社交类游戏元素对主动行为的影响中具有中介作用	支持
H3：员工的游戏行为模式对游戏元素与工作场所精神性的关系具有调节作用	
H3a：竞争导向在成就类游戏元素对工作意义感的影响中具有正向调节作用	支持
H3b：竞争导向在成就类游戏元素对团体感的影响中具有正向调节作用	不支持
H3c：竞争导向在成就类游戏元素对内心体验的影响中具有正向调节作用	不支持
H3d：竞争导向在沉浸类游戏元素对工作意义感的影响中具有负向调节作用	不支持
H3e：竞争导向在沉浸类游戏元素对团体感的影响中具有负向调节作用	不支持
H3f：竞争导向在沉浸类游戏元素对内心体验的影响中具有负向调节作用	不支持
H3g：他人导向在社交类游戏元素对工作意义感的影响中具有正向调节作用	不支持
H3h：他人导向在社交类游戏元素对团体感的影响中具有正向调节作用	不支持
H3i：他人导向在社交类游戏元素对内心体验的影响中具有正向调节作用	支持
H4：员工的游戏行为模式对游戏元素与员工主动行为的关系具有调节作用	
H4a：竞争导向在成就类游戏元素对主动行为的影响中具有正向调节作用	支持
H4b：竞争导向在沉浸类游戏元素对主动行为的影响中具有正向调节作用	不支持
H4c：他人导向在社交类游戏元素对主动行为的影响中具有正向调节作用	支持

第五节 研究发现

本书基于情境视角研究了企业内部游戏化对员工主动行为的影响效果，工作场所精神性对两者关系的中介效应，以及员工游戏行为模式的竞争导向和他人导向对两者关系的调节效应。

一、企业内部游戏化激励员工主动行为的影响效果

实证研究结果表明，故事/主题、虚拟角色/身份、任务挑战/内容解锁等沉浸类游戏元素，以及企业社交App、组团合作和组队竞赛等社交类游戏元素，作为一种能够改造工作特征、提供情感能量和塑造组织氛围的激励工具，可以显著地提升员工的主动行为。但与假设相悖的是，积分/经验值/贡献值、奖杯/勋章/荣誉称号、排名/排行榜、虚拟货币/实体奖励等成就类游戏元素对员工主动行为不但没有促进作用，反而具有显著的抑制作用，即成就类游戏元素对员工主动行为能够产生负激励效应。

二、企业内部游戏化激励员工主动行为的中介传导机制

实证研究结果表明，总体而言，员工的工作场所精神性可以在游戏元素对主动行为的影响过程中起中介作用，即企业采用的游戏元素可以通过影响员工的工作场所精神性包括工作意义感、团体感与内心体验三个维度，进而影响员工的主动行为。其中，成就类元素主要通过降低员工的工作意义感而抑制主动行为；社交类元素则恰恰相反，主要通过提升员工的工作意义感来促进主动行为；沉浸类元素主要通过引导员工的内心体验来驱动主动行为。由此可见，沉浸类和社交类游戏元素具有唤醒和实现员工工作场所价值理想和精神寄托的功能，能够帮助企业创造一种超越员工满意度和敬业度的全新工作场所体验。

三、企业内部游戏化激励员工主动行为的调节因素

实证研究结果表明，不同游戏行为模式的员工对各类游戏元素的反应有所不同，进而影响到游戏元素的激励效果。如果企业对低竞争导向的员工采用成就类元素，可能会更显著地降低员工的工作意义感，并抑制员工主动行为。但这种调节效应对于高竞争导向的员工而言，效果并不显著。如果企业对高他人导向的员工采用社交类元素，那么可以更显著地改善员工内心体验，并激发员工主动行为。但是，如果企业对低他人导向的员工依旧采用社交类元素，那么很可能会像揠苗助长一样导致激励效果背道而驰，既恶化员工内心体验，又阻碍员工主动行为。由此可见，低竞争导向与成就类元素之间、低他人导向与社交类元素之间会产生消极的互动效应，而高他人导向与社交类元素之间则会产生积极的互动效应。

第六章 研究结论与未来展望

第一节 研究结论与讨论

本书以"游戏人"之人性假设为基石,从情境观理论视角出发,首先,通过探索性案例研究讨论了企业外部游戏化激励用户参与的动态过程和机制,厘清了企业游戏化激励个体参与的理论逻辑。其次,通过关系概念模型构建和计量分析检验,讨论并验证了企业内部游戏化激励员工主动行为的影响效果、中介机制和情景因素。最后,本章对企业游戏化激励个体参与的影响效果、中介机制和情景因素进行了总结和讨论。

一、企业游戏化激励个体参与的影响效果

首先,本书基于情境视角,以小米在线品牌社区为例,通过单案例研究方法识别并论证了企业外部游戏化系统各构成要素之间的影响协作关系,从而深入地揭示了企业外部游戏化对用户参与的激励机制。案例分析结果表明,企业外部游戏化能够有效激励用户参与,具体激励机制如下:

企业外部游戏化系统利用积分、身份、等级、任务解锁和论坛荣誉等游戏元素作为意义共享的符号载体,在社区场景内生成了一个社区用户与自我、

其他社区用户，以及社区事物之间都具有全新关联的新情境。并且，利用游戏元素所支撑和强化的游戏机制如挑战、认可、探索、反馈、奖励和取胜等，明确了新情境内互动的规则和秩序即运作共识，搭建了情境框架。游戏元素符号和游戏机制框架共同完成了新情境的建构。新情境通过游戏机制框架使社区用户感受到的游戏体验如关系、成就、竞争、乐趣和沉浸等，实际是一种用户与自我、社区其他用户和社区事物之间的较强关联感，这种情境定义会驱动用户在情境内的线上线下互动参与行为，用户的互动参与行为又会反过来不断地强化对情境的强关联感定义，基于此，用户对情境进行了解构（诠释）。强关联感可以使用户感受到自己的行动能够造成影响，从而赋予了行动的意义，使游戏化所建构的新情境被解构为一个全新的意义系统。这种情境诠释可以通过影响社区用户的个体情境因素，如自我效能、心理需要、欲望和行动动机等，进而促进用户对社区营销性结果的参与。由此可见，游戏化可以通过情境建构与解构机制激励个体参与。

其次，基于案例研究发现的情境建构与解构激励机制，尝试构建了企业内部游戏化激励员工参与的理论模型。对企业内部游戏化激励效果的计量分析结果显示，沉浸类和社交类元素都可以激励员工产生更多的主动行为。

最后，研究结果表明，无论是针对用户参与的企业外部游戏化，还是针对员工参与的企业内部游戏化，都能产生激励效果。因此，可以得出结论，企业游戏化能够通过情境的建构与解构机制对个体参与（包括用户参与和员工参与）产生激励作用（见图6-1）。可以发现，游戏化作为一种激励工具，尽管在不同的应用场景内，具体的激励路径存在差异，但其激励机制却是相通的。

和传统的激励工具如现金、股权、晋升和授权等不同，从电子游戏中衍生出来的游戏化是一种能够通过人机一体化构建全新情境的信息系统。得益于虚拟现实、增强现实以及人工智能等技术的发展，一些只有在游戏当中才能实现的做法和情境被搬进现实世界，使得游戏化系统可以利用多样化的游戏元素依据生产性目的重组任务，进而设计出丰富多彩的挑战任务和社交活动等虚拟情境，还可以通过线上线下联动，增强个体参与的意义感和娱乐感。

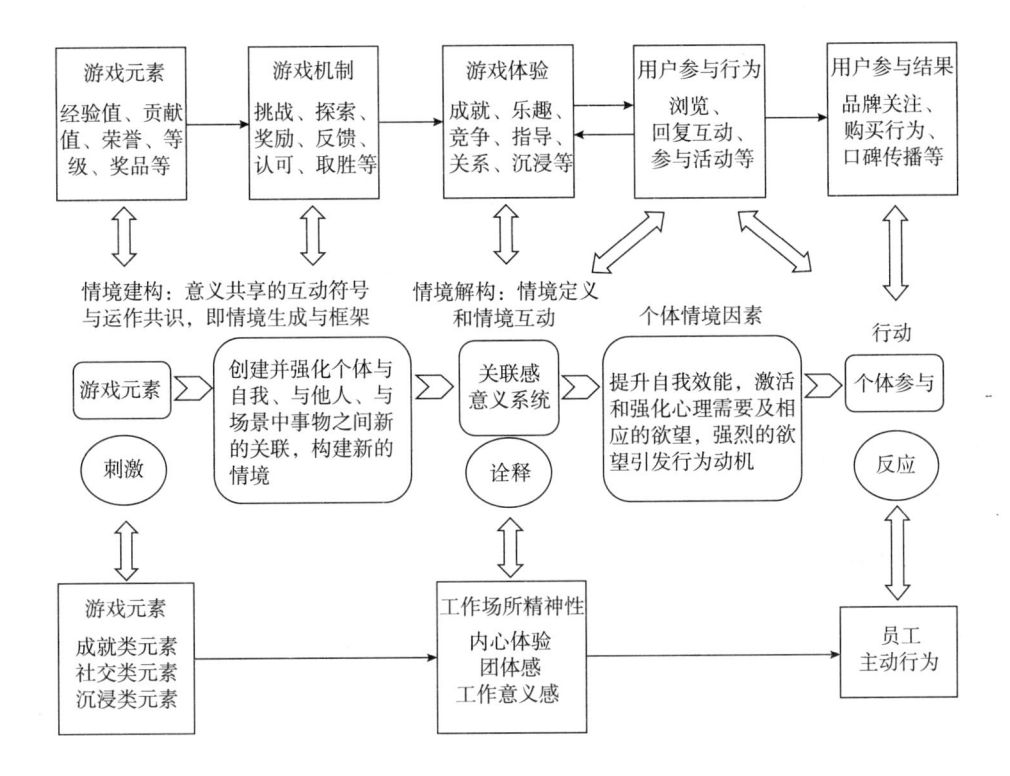

图 6-1　企业游戏化激励个体参与的情境建构与解构机制

资料来源：笔者自行绘制。

例如，小米在线品牌社区设置的许多荣誉称号和勋章都必须依靠参加线下的米粉活动、探索活动等才能获得；蚂蚁森林用能量浇灌成熟的虚拟树苗都会被真实种植在西部沙漠；在芭芭农场种植的虚拟果树，待收获之后，用户真的可以品尝到所种的新鲜水果。总之，游戏化系统的情境化功能可以强化激励手段的娱乐导向和意义导向，吸引个体参与。

但是，并非所有的游戏元素在企业外部和内部场景都能对个体参与产生积极的激励效果。本书的研究结果表明，企业外部游戏化系统的游戏元素都可以对用户参与产生不同程度的激励效果，但企业内部游戏化系统的游戏元素则不然。反映了游戏的玩乐（playfulness）属性（Deterding 等，2011），蕴含着情绪感化、价值召唤及感情关怀等情感逻辑的沉浸类和社交类游戏元素对员工主动行为具有正向的激励作用，但反映了游戏的竞争（gamefulness）

属性（Deterding 等，2011），蕴含着因果关系、确定性控制及经济核算等计算逻辑的成就类元素不但不能促进员工主动行为，反而会起到抑制作用。产生这种激励效果差异的原因可能在于：

第一，就场景方面而言，按照 Cordero-Brito 和 Mena（2018）从两个重要的科学数据库——Scopus 和 Web of Science 摘录并审查了 2011~2016 年发布的 136 篇关键词包含游戏化的文章进行的研究结果表明，游戏化系统成功与否和应用的场景直接相关。同样地，Hamari 等（2014）基于 24 篇关于游戏化的实证研究进行的一项元分析结果也显示，游戏化干预措施的有效性在很大程度上取决于其应用场景，毕竟不同的应用场景内游戏化所针对的目标人群不同，期望达到的目的也不同（Brigham，2015）。针对用户的企业外部游戏化系统和针对员工的企业内部游戏化系统，共同点是都具有娱乐性，不同点是前者主要通过社交互动实现营销性目的，并遵循了游戏设计师 McGonigal（2011）提出的游戏的首要原则——自愿原则；后者则主要通过竞争实现生产性目的，这就会不可避免地违反自愿参与原则，即员工不是自愿地使用游戏化系统，也并非完全自愿地接受游戏目标、规则和反馈的设定。这是企业内部工作场景与外部在线社区应用场景之间存在的最大不同，也是企业内部游戏化激励容易失败的重要原因之一①。这也部分印证了 Kamel 等（2017）的观点，即与其他应用领域相比，游戏化在工作场景的应用面临着更高的阻力率、更低的采用率和更低的成功率②。

第二，就游戏元素方面而言，即使是同一个场景，不同的游戏元素激励效果也存在差异。企业工作场所是一个比较封闭的场景，作为游戏化设计/实施方的管理者对员工具有较高的约束权力。在这种场景内，相比于沉浸类和社交类游戏元素，功利性目的更外显化的成就类游戏元素容易使员工产生被强制和

---

① 无论是何种场景，糟糕的游戏化设计都是游戏化激励失败的主要原因。
② 为此，Oprescu 等（2014）还专门提出了企业内部游戏化应用的十项原则，简称"I PLAY AT WORK"，分别指使用者即员工导向（I orientation）、说服导向（persuasive orientation）、学习导向（learning orientation）、基于成就的奖励（achievement-based rewards）、Y 世代适应性（Y-Generation adaptable）、娱乐因素（amusement factors）、变革性（transformative）、福利导向（well-being oriented）、研究生成（research generating）、基于知识（knowledge-based）。

操纵的感受[①]，从而滋生出对游戏化系统的无视、排斥和逆反等消极心理，最终导致怠工或消极的工作行为，甚至会刺激投机作弊行为（Featherstone，2019）。并且，成就类游戏元素容易激发员工的成就性动机，使员工过分沉迷于情境内的游戏目标而忽视了现实目标，以及游戏的惩罚机制和员工对这类元素参与的自愿性程度更低等因素都可能导致负面效应（Diefenbach 和 Müssig，2019），或者如果游戏与个体的生理唤醒水平不一致（即游戏太刺激或无聊），那么在短期内也可能会使员工产生挫折或厌倦情绪。此外，等级、徽章等成就类游戏元素能够为工作任务提供结构，将其划分出具有明确和可实现目标的步骤，虽然这些元素提供的成长性结构可能有助于员工达到设定的目标，但也可能会限制实现这些目标的手段。如果提供的行动路径过于具体或定义过于严格，那么创造性的行动和思维就可能会减少（Koivisto 和 Hamari，2017）。

这表明，游戏化并不是对游戏元素进行生硬的嫁接，游戏元素丰富多样，又各有用途，即使是游戏元素的微小变化也有可能影响使用者的体验和情绪（Hu 和 Xi，2019）。游戏化激励效果的实现需要在以自愿和乐趣为核心的基础上对游戏元素进行精妙复杂的组合。如何在游戏化这一工具包中选取所需的游戏元素，并进行巧妙的组合搭配体现了游戏化的激励策略[②]。

二、企业游戏化激励个体参与的中介机制

通过案例研究发现，企业外部游戏化主要通过塑造成就、竞争、关系和乐趣等游戏体验来驱动用户参与。计量分析结果表明，企业内部游戏化主要通过影响员工的工作场所精神性包括工作意义感、团体感和与内心体验三个维度，进而影响主动行为。其中，积分/经验值/贡献值、奖杯/勋章/荣誉称

---

① 例如，迪士尼的电子排行榜就被称为"电子鞭子"。
② 例如，Zichermann 和 Linder（2013）在其著作《游戏化革命：未来商业模式的驱动力》中介绍了可以推动企业创新的三项关键激励策略：a. 交易市场和竞争策略，即在游戏化的应用场景内设置市场，鼓励合作和竞争形式的交易，采用的核心游戏元素是竞争，并辅以如团队、模拟和徽章等元素；b. 模拟策略，即通过模拟游戏让使用者们在虚拟世界中参与各种现实中会遇到的问题、挑战和紧急情况，采用的核心游戏元素是模拟，并辅以如积分、徽章、排名等；c. 玩乐策略，即建立能够用来学习、联系和恢复身心的"游乐场"，采用的游戏元素包括社交、角色模拟和挑战等。不过，这三项策略都是根据应用场景和激励目的而设计，并不具有普适性。

号、排名/排行榜、虚拟货币/实体奖励等成就类元素主要通过工作意义感维度影响主动行为；企业社交 App、组团合作和组队竞赛等社交类元素也主要通过工作意义感维度影响主动行为；故事/主题、虚拟角色/身份、任务挑战/内容解锁等沉浸类元素主要通过内心体验维度影响主动行为。

无论是用户获得的游戏体验还是员工获得的工作场所精神性体验，其实质都是个体与情境内的自我、其他成员和事物之间产生的较强关联感。例如，游戏体验中的成就体验可以强化用户与自我之间的关联感，竞争、指导、关系和归属等体验可以强化与其他社区成员之间的关联感，沉浸和自主体验可以强化与情境中事物之间的关联感；工作场所精神性的三个维度中，工作意义感可以强化员工与工作即情境中事物之间的关联感，团体感可以强化员工与其他员工之间的关联感，内心体验可以强化员工与自我之间的关联感。这种强关联感可以使个体感知到自身的行动能够对自我或其他成员或情境内的事物产生影响，即自身的行动具有意义，并由此将游戏化所构建的情境诠释为一个全新的意义系统。因此，可以认为企业游戏化为用户提供的游戏体验和为员工提供的工作场所精神性体验本质上是一种意义性体验。意义性体验建立在员工/用户体验的基础上，基于对用户和员工诉求的理解，将其与任务相关联，但是超越了任务的流程和结果，更关注任务的意义，以实现对企业乃至整个社会的影响。

据此，可以得出结论，如图6-2所示，企业游戏化激励个体参与的中介机制其实是意义性体验机制。它是一种鼓舞人心的驱动力，能推动个体发挥必要的作用，并激励其主动进取。企业游戏化通过为个体提供一种能够使其感受到自身行动意义的体验，进而驱动个体的有意义的参与行为。这种将意义嵌入到目标任务中，使每个个体都能以最积极、最有支持性、最个人化的方式做出贡献的意义性体验属于真正的人文体验。因此，Reiners 和 Wood（2015）将游戏化称为"有意义的游戏化"。Jian 和 Prestopnik（2016）也提出"有意义框架的游戏化"（gamification with meaningful framing）概念，这是一种在游戏任务中加入故事背景或叙事等，将各个游戏元素通过意义框架联系起来的游戏化系统设计方法。

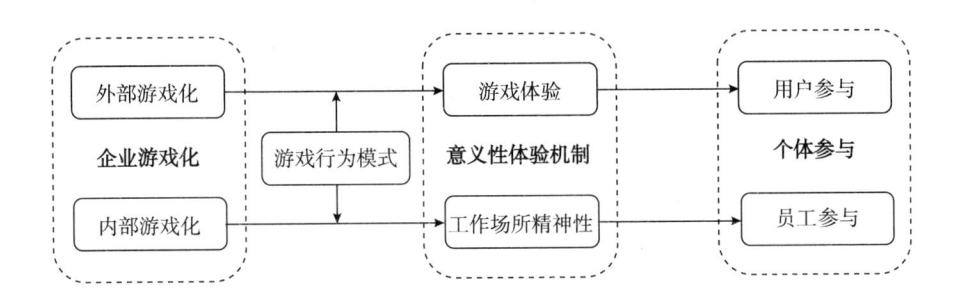

图 6-2　企业游戏化激励个体参与的中介和调节机制

游戏化系统可以通过创建和强化个体与自我、他人和情境中事物之间的关联感，引导个体将所建构的情境诠释为一个全新的意义系统，这说明了人其实不仅像"社会人"假设所主张的那样具有与他人建立关系的需要，有时还具有以下三类需要：①与自我产生关联的需要，这种需要囊括了马斯洛提出的自我实现需要，还包含了取悦自我、注重自我感受和体验、主张和坚持个性等需要；②与一些能够提供陪伴和情感寄托的拟人化生物产生关联的需要，具体事例如电子游戏《旅行青蛙》中的青蛙形象和一些电子宠物的出现，以及为智能家电起名字等；③与环境中的一些事或物产生关联的需要，具体事例如希望行动留下"足迹"，希望能够参与伟大的、有意义的事业等。由此可见，游戏化系统其实是满足了数字经济时代背景下人的关联需要。

同时，相比于传统的激励工具主要提供实用导向的外在奖励性指向，如奖金、福利和晋升等，游戏化系统虽然也服务于生产导向、与系统本身相分离的功利性目的，但由于实现目标的手段以享乐和趣味为核心，因此，游戏化系统主要提供娱乐导向的内在奖励性指向，如取胜、赢得徽章、获得高名次和地位等，以激活和满足个体较高层次社会属性的欲望如表现欲和支配欲，以及高层次精神属性的欲望如超越欲和求知欲等[1]，进而驱动内在动机来提升完成任务的效率。

---

[1] 欲望按照属性和根源可以分为三类：a. 自然属性的欲望，是人生理过程的心理反映，属于低层次的欲望；b. 社会属性的欲望，是人对社会环境的心理反映，如模仿欲、表现欲和支配欲等，属于较高层次的欲望；c. 精神属性的欲望，是人对文化积淀的心理反映，如求知欲和超越欲等，属于高层次的欲望，是欲望的本质属性。

这里，需要首先明确需要、欲望和指向三个概念。需要是人类最基本的要求，例如，人需要空气、食物和水才能生存。当存在具体的东西来满足需要时，需要就转化为了欲望，欲望是想得到某种东西或达到某种目的的愿望和要求，这种具体的东西或目的就是指向，因此，欲望带有非常强的目的性和指向性[①]。需要和欲望总体上是对应的，需要是人类一切行为的本质和起源，呈现为指向某个具体东西或目的的欲望。需要在本质上并不是一种心理，而是人的客观方面，欲望才是主观方面。强烈的欲望可以引起行为动机，欲望的层次越高，越容易激发行为的内在动机。但是，并非仅仅出现了指向性（即某个具体东西或目的）就能激活欲望，还需要具备：要么原本存在对应的需要，要么是与指向性存在很强的关联[②]。因为关联感可以让个体感受到自身能够造成改变，即行动具有意义，这种影响力和意义感知可以激活和创造新的欲望。关联感越强，激活和创造的欲望也就越多，层次越高。

传统的激励工具只是被动地去满足需要，或者简单地通过强化与任务的直接关联来激活欲望，而游戏化则可以利用游戏元素主动地去创建并强化个体与自我、他人、情境事物之间的新关联，挖掘人的关联需要，再通过构建强关联感的情境，激活更多、更高层次的社会属性和精神属性的欲望，因此能够提供更强的内在驱动力。例如，经典的激励工具——目标管理，也会通过让激励对象参与目标设定来加深与目标任务的关联感。但相比之下，游戏化在进行目标设定时，可以利用如排行榜、徽章、积分、身份、等级、叙事等游戏元素作为中间目标或者为目标赋予更宏大的意义，从而创建出激励对象与目标任务之间新的关联（并且还提供了实现目标任务的指令或任务策略），挖掘人的关联需要，并激活新的欲望。

游戏化能够提供强大的内驱力，除了得益于能够满足关联需要、提供内在奖励性指向和激活较高层次的欲望等以外，还源于人是"游戏人"。人既

---

① 例如，人需要食物，但他所需要的可能是一个汉堡包、一个面包或一些饮料。那么，对汉堡包或面包（指向）的渴望就是欲望。

② 例如，面包与对食物的欲望有关，但本身并不能直接激活欲望，除非需要食物或者面包和自我有很强的关联，那么就容易激发出对面包的占有欲或支配欲。可以发现，与面包的强关联感既可能会强化原本的需要和相应欲望如占有欲，也可能会激活新的欲望如支配欲。

崇尚理性，也追求非理性，人类文明在游戏中产生并发展，游戏和人类文明互相渗透交融，参与游戏活动才使得人成为完整的人。游戏的行动探索属性与人"动物性"本质的契合，游戏的文化表征属性与人的"文化性"本质的契合，尤其是游戏的意义媒介性与人的"意义性"本质的契合，也使得游戏对人的吸引力根植于人类本性之中。游戏化延续了游戏活动设计和游戏精神，因此也承继了游戏对人的内在吸引力。

同时，人性假设还决定了组织管理的基本逻辑。组织管理中存在着计算逻辑与情感逻辑，管理的基本逻辑从根本上也由这二者决定。计算逻辑强调因果关系、确定性控制及经济核算，由理性思维塑造；情感逻辑强调情绪感化、价值召唤及感情关怀，由感性思维塑造（胡国栋和朱阳，2014）。一直以来，支配组织运行的情感逻辑与计算逻辑，在管理过程中存在"融合—分裂—再融合"的演化规律。两种组织逻辑的分裂及失衡，是诸多管理问题的根源，因此，组织与管理理论需要寻找组织内两种逻辑的融通途径与耦合机制。而基于"游戏人"之人性假设的游戏化既包含了实用/功利导向的成就类游戏元素，又包含了娱乐导向的社交和沉浸类游戏元素，能够很好地同时满足人的理性追求（表现为物质丰富及职位升迁等）与情感需要（表现为精神丰富、价值实现及人际和谐等），实现管理过程中计算逻辑与情感逻辑的融合。

企业游戏化蕴含的在组织早已根深蒂固的计算逻辑中融入情感逻辑的管理逻辑，使其成为一种代偿性激励工具，可以对工业社会组织将人与社会和自然环境相剥离，变成孤零零的"原子人""螺丝人"和"数字人"的做法进行代偿。游戏化是一个能够提供人文体验的意义系统，能够缝补工业社会断裂的意义链，为解决被工业文明社会碾压和剥削所造成的情感耗竭、工作倦怠和回避等[①]精神性和意义性缺失问题提供契机，从而有助于组织进行价值重塑以真正在管理中恢复人的地位与尊严。随着人文思潮裹挟着转型后的意义理论在科学哲学领域的"温暖回归"，受到波及的管理学领域也开始呼

---

① 这些问题更具体的是缺失参与的意愿、丧失工作的动力、应有的权利被剥夺、应存在的联系被切断等。

唤有意义的管理范式，蕴含着哲学思想和人文关怀的意义追寻也被高举为反叛工业文明革命的"旗帜"（陈劲，2019）。而游戏正是诞生于在工业文明社会之前并点燃了人文主义星火的古典精神世界，游戏模拟了古典精神世界里人的生存和生活方式，承载了古典精神世界的价值理想并将其传承至今。因此，游戏的主角也被塑造成像神话故事中那些能造成改变的人，这种"改变"赋予了游戏主角行动的意义。当游戏的理念被引用企业进行游戏化应用时，游戏的"意义性"精髓恰好能够为现代人的意义追寻提供一种精神寄托。

三、企业游戏化激励个体参与的情景因素

研究结果表明，游戏行为模式会影响企业内部游戏化对员工主动行为的激励效率。企业对在以往电子游戏经验中具有高他人导向的员工主要采用社交类游戏元素激励时，能够对内心体验和主动行为产生更好的激励效果；但对具有低他人导向的员工主要采用社交类游戏元素激励时，不仅不会提升激励效率，反而会造成负向激励；而对具有低竞争导向的员工主要采用成就类游戏元素激励时，会更加强成就类元素对主动行为的抑制作用。

同时，无论是在何种场景，不同游戏行为模式的参与者对不同游戏元素的反应或偏好都会存在一定程度的差异，因此，尽管游戏行为模式的调节效应是以企业内部场景的员工为研究对象得出的结论，但在企业外部的在线社区场景，也需要考虑游戏元素与用户游戏行为模式的匹配性问题。匹配度越高，游戏化激励用户参与的效率越高，否则，不但可能会使激励效率大打折扣，甚至可能会适得其反。

由此可得出结论，个体在以往电子游戏经验中的游戏行为模式与游戏元素之间会产生积极或消极的互动效应，从而影响企业游戏化对个体参与的激励效率（见图6-2）。但这并不意味着必然存在所谓的"适合"和"不适合"的游戏化系统使用者。根据玩家中心设计（player-centered design）理论，"优秀玩家"的定义已经从亚里士多德概念中的"熟练玩家"拓展到了"所有玩家"，这种通俗性意味着"几乎人人都能体验和完成游戏"（Kumar和

Herger，2013）。也就是说，每个个体都有资格成为游戏化系统的使用者，有能力从游戏化系统中获得积极体验，重点在于游戏元素和使用者类型的匹配性设计[①]。

第二节 研究贡献

第一，基于"游戏人"人性假设和情境观理论解释了游戏化对个体参与的激励逻辑，推进了游戏化相关的基础性理论研究进程。"游戏人"这一人性假设的论述为本书关于企业游戏化激励个体参与的研究提供了坚实的理论基石。本书总结了赫伊津哈提出的"游戏人"人性假设，并结合了游戏的属性与人性本质之间的契合对这一人性假设进行了论证。人是游戏的人，既崇尚理性也追求非理性，人类文明在游戏中诞生、发展、互相渗透。游戏的行动探索属性与人的"生物性"本质相契合，游戏的文化表征属性与人的"文化性"本质相契合，游戏的意义媒介性与人的"意义性"本质相契合。这些论述不仅表明游戏化对人具有内在吸引力，为游戏化对个体参与的激励效应解释提供了根基，而且为基于情境观理论将游戏化所构建的新情境诠释为"意义系统"，以及游戏化激励个体参与的意义性体验机制提供了佐证。

从情境视角解释了游戏化驱动个体参与的情境建构与解构激励机制，拓展了游戏化激励个体参与的理论视角和解释路径。本书的研究结果表明，企业游戏化可以被看作一种利用游戏元素和游戏机制进行意义系统改造的努力，将达成目标或完成任务的信息内容意义与其原有的由社会和组织所建构的意义分开，同时，在这一过程中创造新的意义，从而驱动个体的动机和行动。

[①] 例如，Hammedi 等（2019）建议在实施和管理游戏化系统时应遵循三个步骤：首先，游戏化需要适应使用者的动机；其次，设计者必须管理使用者对不确定性游戏体验的感知，以保持游戏活动的内在激励；最后，游戏化机制必须随着时间的推移而修改，以保持体验的游戏性和乐趣性，以维持使用者参与。

第二，对游戏化这一新型激励工具的探讨，拓展了企业激励理论和激励工具设计的发展方向。企业游戏化对个体参与激励效果的研究结果表明，游戏化能够通过创建具有强关联感的新情境，挖掘人的关联需要，并提供内在奖励性指向，激活较高层次的社会属性和精神属性的欲望，从而驱动行为的内在动机。因此，游戏化是一种能够增强个体内在行为动机的效率性激励工具，这一结论可以为企业激励理论和激励工具设计的情境化转向提供依据。同时，人的需要是人性演进的内在动力，本书"关联需要"的提出可以为"社会人"假设和"自我实现人"假设在数字经济时代背景下的发展抛砖引玉。

企业游戏化激励个体参与的意义性体验中介机制表明，游戏化能够通过在组织管理占主导地位的计算逻辑中融入情感逻辑，为个体的行动赋予意义，提供人文关怀和精神寄托，尊重和发展人的个性、价值和完整性，从而激励个体积极地投入参与。因此，游戏化是一种能够补偿工业文明对人的割裂和压抑的代偿性激励工具，这一结论可以为企业激励理论和激励工具设计的意义性和人文体验导向提供参考。

第三，对企业游戏化激励个体参与的影响效果和情景因素等内容的研究和验证，为企业更合理地应用和设计游戏化系统提供了指导。对游戏元素与员工主动行为之间关系的实证研究，为企业内部游戏化的应用价值提供了新的论据。目前关于游戏化的激励效果尚存在一些分歧，例如，Koivisto 和 Hamari（2017）的文献综述发现，在游戏化应用的诸多领域包括企业领域都存在研究结果不显著甚至是负向的情况。一些纯理论阐述性的文章也有简短的论述指出企业内部游戏化应用在伦理层面可能存在隐患，如"剥削""强制性快乐"和"领导者监测"等（Oravec，2015）。本书创新性地对企业内部常用的游戏元素进行了定量测量和检验，不仅为后续的实证测量提供了可参考借鉴的方法，而且，研究结果显示，沉浸类和社交类元素对主动行为具有显著促进作用，而成就类元素对主动行为则具有显著抑制作用，这说明企业内部游戏化应用的激励效果并不能一概而论，而是与企业采用的游戏元素类型相关。这一研究结论既可以为学者关于企业内部游戏化激励效果的疑虑和争论提供具有说服力的解释证据,也可以为企业更合理科学地应用游戏元素提供指导。

测量、验证和比较不同游戏行为模式对企业内部游戏化激励效率的影响,完善了关于游戏化使用者类型的研究流。现有研究在对影响游戏化激励效率的情景因素进行讨论时,主要聚焦于使用者的人口特征(Yee,2006)及其对游戏化应用的态度(Liu等,2017)两个方面。虽然也有文献从参与动机、玩游戏的方式或在游戏内和游戏周围的行为来识别、区分和抽象使用者类型(Yee等,2012),但遗憾的是,目前对使用者类型的研究成果尚不具规模,尤其是测量工具的稀缺更限制了对这一概念的定量分析。Robson等(2015)提出的分类模型难得地具备可测量性,但对其合理性的计量检验尚且较少。本书参考该分类模型及测量工具,基于游戏行为模式对员工进行了分类,并验证和对比了不同游戏行为模式对企业内部游戏化激励效率的影响,既可以为游戏化激励研究补充游戏行为模式这一情景因素,也可以丰富关于游戏化使用者类型的定量化研究成果,还可以提醒企业在应用游戏化系统时需慎重考虑游戏元素与激励对象的匹配性。

第三节 管理建议

第一,企业需要将激励重点转向为用户和员工提供意义性或人文体验。对于社区用户而言,塑造游戏体验即社区用户与自我、其他用户和社区事物之间的关联感,是实现游戏化激励效果的关键,因此,社区运营者应以创建和加强用户与社区线上线下一切人、事、物之间的关联,作为游戏化系统设计的首要目标。同时,社区线下的情境互动要比线上情境互动更加真实和有趣,能够对用户更好地起到刺激作用,并引导用户对情境的意义诠释。因此,在线社区应该尤其重视打造线下的情境互动。对于员工而言,组织的工作设计激励策略经历了工作简化、扩大化到丰富化的趋势,而随着"玩家一代"

在职场的影响力不断扩大，员工期待工作充满趣味性，追求具有人文关怀的工作环境和令人振奋的工作任务。企业可以通过构建具有较强关联感的新情境，或非功利性的意义系统（如企业的愿景和使命）等途径重塑和加强员工和用户的人文体验，让趣味成为企业文化的一部分（Bowen 等，2020）。

第二，企业在设计游戏元素时须有方向性和策略性，要根据所需强化的游戏机制进行设计，慎重选择能够激发计算逻辑的成就类元素和激发情感逻辑的沉浸、社交类元素。例如，企业在品牌社区场景设计游戏元素时应增强社交互动性、挑战性和奖励性；在企业内部设计和应用游戏元素时应增强玩乐性，适当降低竞争性，尤其在企业环境较封闭，对员工约束程度较高时，应尽量增加能为员工提供趣味性和关联感、创造意义性和精神性体验的沉浸类和社交类元素，减少易激发员工功利性的成就类元素，避免使企业内部游戏化系统成为泰勒制的游戏化翻版。

第三，企业实施游戏化应用时须充分考虑游戏元素与使用者游戏行为模式的匹配性。尤其是在企业内部场景下，一方面，企业可以通过设计尽可能多元化的游戏元素供员工进行自助式选择，或者向员工分享设计权限，允许员工通过民主的方式参与游戏化设计，从而实现游戏元素与员工个体因素的最佳配对，以最大限度地发挥游戏元素与员工游戏行为模式的积极互动效应，也避免"强制性激励"弄巧成拙。另一方面，企业也可以按照人才战略目标和激励目的，有意识地利用游戏元素筛选、引导和重塑员工的行为模式。

第四，游戏化是以玩乐的手段促进功利性的结果，因此，在采用玩乐策略和强化情境关联感的前提下，激励系统的设计和情境的建构并不必然要依赖于游戏元素。正如 Scoble 和 Israel 在其《即将到来的场景时代》（*Age of Context*）一文中所言，以人工智能、移动设备、社交媒体、传感器、定位系统和 VR 等技术的发展为支撑，我们已经迎来了场景感知时代。企业可以充分发挥想象力，借助可穿戴设备、聊天机器人和虚拟代理等，于在线社区和工作场景打造多种有趣好玩的情境。在场景商业时代，推动由场景驱动的管理激励模式和消费模式的转型。例如，碧桂园企业已经尝试通过打造业主互动场景提升产品力，来挖掘场景文化的力量；首钢也通过商业模式创新和绿色技术创新，让园区的土地遗址升级为场景文化，让生活生产创造和发挥场景价值。

第四节 未来展望

游戏化的激励效果和效率与应用场景、所选择的游戏框架和游戏元素组合策略、激励对象、激励环境和使用者背景等因素都密切相关（Hu 和 Xi, 2019；Brigham, 2015）。因此，本书在以下方面仍存在一些不足及可进一步补充和拓展之处：

第一，就游戏化应用场景而言，一方面，研究选取的小米在线品牌社区案例是一个外部游戏化模式应用成功的案例，但是，在企业外部游戏化应用时，并不是总能产生积极的激励效应。游戏化如果设计不当，也可能伴随着风险，诱发用户产生如过度参与和机会主义等异常行为，甚至会产生情绪低落和挫败感等消极情感（Hammedi 等，2017；Leclercq 等，2020a，2020b）。对此，未来研究可选取国内应用游戏化失败的在线社区作为反面案例以深入探索游戏化系统设计和运转过程中潜伏的危险。另一方面，本书只研究了面向内部员工的内部游戏化应用，未来研究还可以拓展至面向外部应聘者的企业人才招聘和选拔应用场景，游戏化招聘既能使企业的人才选拔变得好玩有趣从而吸引尽可能多的应聘者，又能将任务情景和所招聘的岗位进行匹配，使应聘者快速找到适合自己的岗位，最终帮助企业快速找到"门当户对"的人才。比如，Tansley 等（2016）、Lowman 和 Graham（2016）研究发现，游戏化招聘有助于收集到尽可能多的关于人才潜力的信息，有利于企业识别优秀人才。

第二，就选择的游戏框架而言，一方面，本书通过案例研究探究了游戏元素和游戏机制之间的影响协作关系，未来研究可以更深入地探讨游戏元素之间的组合策略。比如，企业外部游戏化的目标主要包括三方面，即参与度、品牌忠诚和品牌意识，不同的游戏元素对这三个目标的激励功能和强度不同，因此，不同游戏元素之间的组合对于营销效果至关重要，哪些元素能够很好地结合互补或互相抵消是值得继续剖析的问题（Kelle等，2013）。另一方面，本书在研究企业内部游戏化的激励应用时，采用了从内容功能（动机供给）角度将游戏元素分为成就类、社交类和沉浸类的划分方法。未来研究可以采用从内容功能角度出发的其他分类，例如，可以借鉴Palmer等（2012）的分类法，将游戏元素分为发展路径元素、反馈与奖励元素、社会联结元素、界面设计和用户体验元素四类；或是尝试从结构框架角度划分游戏元素，如采用MDE框架，将游戏元素分为机制、动力和情绪元素（Robson等，2014）等。

第三，就激励对象而言，本书研究的是企业游戏化对个体参与行为的影响，未来可以关注企业游戏化对诱导、维持集体和协作行为的影响。在本原上，组织是一种通过群体的行动来达成个体无法实现的目标的积极力量，这与多人在线游戏的活动类似，游戏化在群体协作系统中具有自适应性（Ayastuy等，2021）。因此，组织和游戏有着天然的适配性，组织场景内具有实施游戏化的土壤，有助于回归到人类集体协作的本质，缓解工业文明缔造的机械性和冷漠性倾向。在其他一些应用场景内，已经出现了关于对集体层面激励的有趣一瞥。例如，Jones等（2014）报告了一项以游戏化系统为特色的研究，该系统旨在激励小学生在学校午餐期间消费更多的水果和蔬菜，研究包括全校的集体目标、合作行动和集体奖励。另一个例子来自Laureyssens等（2014）一项关于公民参与的研究，旨在通过各种游戏性的供给（包括团队和合作），增加公民对城市社区的参与。然而，还需要更多的研究来更好地理解企业游戏化是如何被用来诱导集体和协作行为的。

第四，就激励环境和使用者背景因素而言，本书只考察了使用者游戏行为模式这一情景因素，未来研究可以继续从个体层面如性格特征和心理资本等，以及组织层面如组织文化氛围和领导风格等角度考察个体特征及所处环境对企业游戏化激励效率的影响。例如，刘梦霏（2018）提出了"游戏素养"（game literacy）的概念，未来研究可以尝试开发"员工游戏素养"这一新构念，以及其对内部游戏化激励效率的影响。员工的游戏素养从功能和狭义的角度可以界定为，员工对企业内部游戏化系统的要素和规则的认识和认同程度，以及在游戏化应用场景中创造性地做出决策并完成任务的能力，可包含三个维度：对游戏化系统的认识度、认同度和驾驭游戏化系统的行动力。员工的游戏素养应该是一个不受游戏化系统本身影响的外生变量。此外，未来还可以探讨如游戏反馈和其他反馈（比如领导、同事的反馈）的关系，毕竟多个反馈来源提高了角色冲突的可能性，以及游戏化的合法性问题和组织领导在应用游戏化中的作用和角色等。

第五，就激励效果而言，有以下三点：一是未来研究在验证企业游戏化对更多个体积极心理和行为激励效果的基础上，可以更进一步地探讨企业游戏化激励方案对提升个体福利和企业绩效的应用价值。例如，Ruhi（2015）通过对将游戏化系统分别用于知识合作过程、员工培训与发展以及用户关系管理的三家企业的案例分析得出结论，证实了有效的游戏化策略和经过深思熟虑的游戏化应用程序设计具有推动企业发展的巨大潜力。二是游戏化可能引发的过度自信问题也值得关注。例如，游戏化所提供的游戏体验里既有积极体验如成就感，也有消极体验如挫败感。但即使是积极的游戏体验，也并不一定会产生有效的工作行为，有时也可能会产生有害行为。那些在游戏任务中经常赢的员工，虽然会产生成就感等体验，加强与自我的关联感，但也有可能产生过度自信或骄傲自负等情绪，造成决策失误。三是游戏化引发的职场道德问题也不容忽视。例如，内部游戏化可能会使员工更关注任务的完成，而忽视其他人或者道德问题，产生职场不道德行为等后果。此外，企业游戏化激励研究主要面临的挑战是如何识别游戏元素独特的激励效果，未来研究需要更多地对游戏化激励的效果、中介机制和调节机制进行实证检验，为企业游戏化激励的学术研究和实践应用提供更多的数据性依据和支持。

参考文献

[1] Aaltonen A, Seiler S. Cumulative Growth in User-generated Content Production: Evidence from Wikipedia [J]. Management Science, 2016, 62 (7): 2054-2069.

[2] Abou-Shouk M, Soliman M. The Impact of Gamification Adoption Intention on Brand Awareness and Loyalty in Tourism: The Mediating Effect of Customer Engagement [J]. Journal of Destination Marketing and Management, 2021, 20 (2): 1-10.

[3] Agogué M, Levillain K, Hooge S. Gamification of Creativity: Exploring the Usefulness of Serious Games for Ideal [J]. Creativity and Innovation Management, 2015, 24 (3): 415-429.

[4] Alas R, Mousa M. Organizational Culture and Workplace Spirituality [J]. International Journal of Emerging Research in Management and Technology, 2016, 5 (3): 2278-9359.

[5] Alsawaier R. The Effect of Gamification on Motivation and Engagement [J]. International Journal of Information and Learning Technology, 2018, 35 (1): 56-79.

[6] Andrias R M, Sunar M S. User/Player Type in Gamification [J]. International Journal of Advanced Trends in Computer Science and Engineering, 2019, 7 (8): 1-6.

[7] Aparicio M, Costa C J, Moises R. Gamification and Reputation: Key Determinants of Ecommerce Usage and Repurchase Intention [J]. Heliyon, 2021, 7 (3): 370-383.

[8] Ashar H, Lane-Maher M. Success and Spirituality in the New Business Paradigm [J]. Journal of Management Inquiry, 2004, 31 (3): 249-260.

[9] Ashford S J, Black J S. Proactivity During Organizational Entry: Antecedents, Tactics, and Outcomes [J]. Journal of Applied Psychology, 1996, 81 (2): 199-214.

[10] Ashford S J, Blatt R, Vande Walle D. Reflections on the Looking Glass: A Review of Research on Feedback-seeking Behavior in Organizations [J]. Journal of Management, 2003, 29 (6): 773-799.

[11] Ashford S J, Rothbard N P, Piderit S K, et al. Out on a Limb: The Role of Context and Impression Management in Selling Gender-equity Issues [J]. Administrative Science Quarterly, 1998, 43 (3): 23-57.

[12] Ashmos D P, Duchon D. Spirituality at Work: A Conceptualization and Measure [J]. Journal of Management Inquiry, 2000, 9 (2): 134-145.

[13] Ayastuy M A, Torres D, Fernández A. Adaptive Gamification in Collaborative Systems, A Systematic Mapping Study [J]. Computer Science Review, 2021, 39 (2): 321-333.

[14] Bal P M, Dan S C, Diaz I. Does Psychological Contract Breach Decrease Proactive Behaviors? The Moderating Effect of Emotion Regulation [J]. Group & Organization Management, 2011, 36 (6): 722-758.

[15] Baptista G, Oliveira T. Why So Serious? Gamification Impact in the Acceptance of Mobile Banking Services [J]. Internet Research, 2017, 27 (1): 118-139.

[16] Baron R M, Kenny D A. The Moderator Mediator Variable Distinction in Social Psychological Research: Conceptual, Strategic and Statistical Considerations [J]. Journal of Personality and Social Psychology, 1985, 51 (6):

1173-1182.

［17］Bartle R. Hearts, Clubs, Diamonds, Spades: Players Who Suit MUDs ［J］. Research, 1996, 1（1）: 19-40.

［18］Belschak F D, Den Hartog D N. Pro-self, Pro-social, and Pro-organizational Foci of Proactive Behaviour: Differential Antecedents and Consequences ［J］. Journal of Occupational & Organizational Psychology, 2010, 83（2）: 475-498.

［19］Bittner J V, Schipper J. Motivational Effects and Age Differences of Gamification in Product Advertising ［J］. Journal of Consumer Marketing, 2014, 31（5）: 391-400.

［20］Blader S L, Patil S, Packer D J. Organizational Identification and Workplace Behavior: More Than Meets the Eye ［J］. Research in Organizational Behavior, 2017, 37（10）: 19-34.

［21］Bowen J, Michael T, Seyhmus B. Yielding the Benefits of Fun in the Workplace ［J］. Organizational Dynamics Volume, 2020, 49（3）: 1-7.

［22］Bozkurt A, Durak G. A Systematic Review of Gamification Research: In Pursuit of Homo Ludens ［C］. International Journal of Game-Based Learning, 2018.

［23］Brabham D C. The Myth of Amateur Crowds: A Critical Discourse Analysis of Crowd-sourcing Coverage ［J］. Information, Communication & Society, 2012, 15（3）: 394-410.

［24］Brem A, Bilgram V, Gutstein A. Involving Lead Users in Innovation: A Structured Summary of Research on the Lead User Method ［J］. International Journal of Innovation and Technology Management, 2018, 18（5）: 1-22.

［25］Brigham T J. An Introduction to Gamification: Adding Game Elements for Engagement ［J］. Medical Reference Services Quarterly, 2015, 34（4）: 471-480.

［26］Brodie R J, Hollebeek L D, Juric B, et al. Customer Engagement:

Conceptual Domain, Fundamental Propositions, and Implications for Research [J]. Journal of Service Research, 2011, 14 (3): 252-271.

[27] Brodie R J, Ilic A, Juric B, et al. Consumer Engagement in a Virtual Brand Community: An Exploratory Analysis [J]. Journal of Business Research, 2013, 66 (1): 105-114.

[28] Buckley P, Doyle E. Individualising Gamification: An Investigation of the Impact of Learning Styles and Personality Traits on the Efficacy of Gamification Using a Prediction Market [J]. Computers & Education, 2017 (6): 43-55.

[29] Bui A, Veit D, Webster J. Gamification – A Novel Phenomenon or a New Wrapping for Existing Concepts [C]. International Conference on Information Systems, 2015.

[30] Bunchball. Gamification: An Introduction to the Use of Game Dynamics to Influence Behavior [EB/OL]. http://www.bunchball.com/sites/default/files/downloads/gamification101.pdf. 2010.

[31] Burtch G, Hong Y L, Bapna R, et al. Stimulating Online Reviews by Combining Financial Incentives and Social Norms [J]. Management Science, 2017, 64 (9): 1-45.

[32] Cabral L, Li L F. A Dollar for Your Thoughts: Feedback – Conditional Rebates on eBay [J]. Management Science, 2015, 61 (9): 52-63.

[33] Cafazzo J A, Casselman M, Hamming N, et al. Design of an Health App for the Self-management of Adolescent Type Diabetes: A Pilot Study [J]. Journal of Medical Internet Research, 2012, 14 (3): 193-205.

[34] Cardador M T, Northcraft G B, Whicker J. A Theory of Work Gamification: Something Old, Something New, Something Borrowed, Something Cool [J]. Human Resource Management Review, 2017, 27 (2): 353-365.

[35] Chatfield T. Fun Inc.: Why Gaming Will Dominate the Twenty – first Century [J]. Pegasus Communications, 2010, 12 (8): 33-41.

[36] Chiaburu D S, Smith T A, Wang J, et al. Relative Importance of

Leader Influences for Subordinates' Proactive Behaviors, Prosocial Behaviors, and Task Performance: A Meta-analysis [J]. Journal of Personnel Psychology, 2014, 13 (2): 70-86.

[37] Claffey E, Brady M. Examining Consumers' Motivations to Engage in Firm-hosted Virtual Communities [J]. Psychology & Marketing, 2017, 34 (4): 356-375.

[38] Conaway R, Garay M C. Gamification and Service Marketing [J]. Springer Plus, 2014, 22 (3): 647-653.

[39] Cordero-Brito S, Mena J. Gamification in the Social Environment: A Tool for Motivation and Engagement [C] // ACM International Conference Proceeding Series, 2018.

[40] Csíkszentmihályi M. Flow: The Psychology of Optimal Experience [M]. NY: Harper and Row, 1990.

[41] Daghfous A, Ahmad N. User Development Through Proactive Knowledge Transfer [J]. Industrial Management & Data Systems, 2015, 15 (1): 158-181.

[42] Darejeh A, Salim S. Gamification Solutions to Enhance Software User Engagement-A Systematic Review [J]. International Journal of Human-Computer Interaction, 2016 (6): 1-31.

[43] Davis F D, Bagozzi R P, Warshaw P R. Extrinsic and Intrinsic Motivation to Use Computers in the Workplace [J]. Journal of Applied Social Psychology, 1992, 22 (3): 1111-1132.

[44] Deci E L, Ryan R M. A Motivational Approach to Self: Integration in Personality [J]. Nebraska Symposium on Motivation, 1990, 38 (2): 237-288.

[45] Deterding S, Dixon D, Khaled R, et al. From Game Design Elements to Gamefulness: Defining Gamification [C]. Proceedings of the 15th International Academic Mind Trek Conference: Envisioning Future Media Environments, 2011:

9-15.

[46] Devendhiran S, Wesley J R. Spirituality at Work: Enhancing Levels of Employee Engagement [J]. Development and Learning in Organizations: An International Journal, 2017, 31 (5): 9-13.

[47] Dey S, Eden R. Gamification: An Emerging Trend [C]. Pacific Asia Conference on Information Systems, 2016.

[48] Dhahak K, Huseynov F. The Influence of Gamification on Online Consumers' Attitude and Intention to Purchase Fast Moving Consumer Goods [J]. Business and Economics Research Journal, 2020 (11): 769-791.

[49] Diefenbach S, Müssig A. Counterproductive Effects of Gamification: An Analysis on the Example of the Gamified Task Manager Habitica [J]. International Journal of Human-Computer Studies, 2018, 9 (9): 190-210.

[50] Djafri F, Kamaruzaman B N. The Impact of Workplace Spirituality on Organizational Commitment: A Case Study of Takaful Agents in Malaysia [J]. Humanomics, 2017, 33 (10): 1-10.

[51] Doorn V, Lemon N, Mittal V, et al. Customer Engagement Behaviour: Theoretical Foundations and Research Directions [J]. Journal of Service Research, 2010, 13 (3): 253-266.

[52] Doris F, Sabine S. Within-Person Fluctuations of Proactive Behavior: How Affect and Experienced Competence Regulate Work Behavior [J]. Human Performance, 2012, 25 (1): 72-93.

[53] Drachen A, Canossa A, Yannakakis G N. Player Modeling Using Self-organization in Tomb Raider: Underworld [C]. IEEE Symposium on Computational Intelligence and Games, 2009.

[54] Ecclesa J S, Wigfield A. From Expectancy-value Theory to Situated Expectancy-value Theory: A Developmental, Social Cognitive, and Sociocultural Perspective on Motivation [J]. Contemporary Educational Psychology, 2020, 61 (5): 1-13.

[55] Eisingerich A, Marchand, A, Fritze, M, et al. Hook vs. Hope: How to Enhance Customer Engagement Through Gamification [J]. International Journal of Research in Marketing, 2019, 36 (3): 200-214.

[56] Ejaz A, Qurat-Ul-Ain S, Lacaze D. Political Skill, Proactive Work Behavior, Need Satisfaction, and Perceived Organizational Politics [J]. Academy of Management Annual Meeting Proceedings, 2017 (1): 12787.

[57] Ellis A M, Nifadkar S S, Bauer T N, et al. Newcomer Adjustment: Examining the Role of Managers' Perception of Newcomer Proactive Behavior During Organizational Socialization [J]. Journal of Applied Psychology, 2017, 102 (6): 993-999.

[58] Elson M, Breuer J, Quandt T. Know Why Player: An Integrated Model of Player Experience for Digital Games Research [A]. Handbook of Digital Games, 2014: 362-387.

[59] Eppmann R, Bekk M, Klein K. Gameful Experience in Gamification: Construction and Validation of a Gameful Experience Scale [J]. Journal of Interactive Marketing, 2018, 43 (2): 98-115.

[60] Ewais S, Alluhaidan A. Classification of Stress Management Health Apps Based on Octalysis Framework [C]. Americas Conference on Information Systems: Puerto Rico, 2015.

[61] Farzan R, DiMicco J M, Millen D R, et al. Results from Deploying a Participation Incentive Mechanisms Within the Enterprise [J]. CHI, 2008 (4): 5-10.

[62] Featherstone M, Habgood J. UniCraft: Exploring the Impact of Asynchronous Multiplayer Game Elements in Gamification [J]. International Journal of Human-Computer Studies, 2019, 127 (1): 150-168.

[63] Febriana A, Wahyudi S, Suharnomo S. Organizational Awareness and Participative Organizational Culture: The Effect on Proactive Behavior and Team Performance [J]. Quality-Access to Success, 2019, 20 (1): 25-31.

[64] Ferreira A T, Araújo A M, Fernandes S, et al. Gamification in the Workplace: A Systematic Literature Review [C]. Advances in Intelligent Systems and Computing, 2017.

[65] Fitz-Walter Z, Tjondronegoro D, Wyeth P. Orientation Passport: Using Gamification to Engage University Students [C]. Australian Computer-human Interaction Conference, 2011.

[66] Flatla D R, Gutwin C, Nacke L E, et al. Calibration Games: Making Calibration Tasks Enjoyable by Adding Motivating Game Elements [C]. Proceedings of the 24th Annual ACM Symposium on User Interface Software and Technology, 2011.

[67] Frese M, Fay D, Hilburger T, et al. The Concept of Personal Initiative: Operationalization, Reliability and Validity in Two German Samples [J]. Journal of Occupational and Organizational Psychology, 1997, 70 (2): 139-161.

[68] Frese M, Fay D. Personal Initiative: An Active Performance Concept for Work in the 21st century [J]. Research in Organizational Behavior, 2001, 23 (1): 133-187.

[69] Frese M, Garst H, Fay D. Making Things Happen: Reciprocal Relationships between Work Characteristics and Personal Initiative in a Four-wave Longitudinal Structural Equation Model [J]. Journal of Applied Psychology, 2007, 92 (4): 1084-1102.

[70] Freudmann E A, Bakamitsos Y. The Role of Gamification in Non-profit marketing: An Information Processing Account [J]. Procedia Social and Behavioral Sciences, 2014, 148 (2): 567-572.

[71] Friedricha J, Beckera M, Kramer F, et al. Incentive Design and Gamification for Knowledge Management [J]. Journal of Business Research, 2019, 91 (2): 1-12.

[72] Fuller B, Marler L E, Hester K, et al. Leader Reactions to Follower Proactive Behavior: Giving Credit When Credit Is Due [J]. Human Relations,

2015, 68 (6): 879-898.

[73] Fuller J B, Marler L E, Hester K. Promoting Felt Responsibility for Constructive Change and Proactive Behavior: Exploring Aspects of an Elaborated Model of Work Design [J]. Journal of Organizational Behavior, 2006, 27 (8): 1089-1120.

[74] Garnefeld I, Iseke A, Krebs A. Explicit Incentives in Online Communities: Boon or Bane [J]. International Journal of Electronic Commerce, 2012, 17 (1): 11-38.

[75] Gee J P. What Video Games Have to Teach Us about Learning and Literacy [J]. Cyber Psychology & Behavior, 2007, 12 (1): 21-32.

[76] Gerow J E, Ayyagari R, Thatcher J B, et al. Can We have Fun Work? The Role of Intrinsic Motivation for Utilitarian Systems [J]. European Journal of Information Systems, 2013, 22 (3): 360-380.

[77] Giacalone R A, Jurkiewicz C L. Toward a Science of Work-place Spirituality [M]. New York: Sharpe M E and Armonk, 2003: 3-28.

[78] Glynn M. Effects of Work Task Cues and Play Task Cues on Information Processing, Judgment, and Motivation [J]. The Journal of Applied Psychology, 1994, 79 (1): 34-45.

[79] Goffman E. Frame Analysis: An Essay on the Organization of Experience [M]. Boston: Northeastern University Press, 1986.

[80] Goffman E. The Interaction Order [J]. American Sociological Review, 1983, 48 (1): 2-5.

[81] Goffman E. The Neglected Situation [J]. American Anthropologist, 1964, 66 (6): 134-135.

[82] Greeno J G. Commentary: Some Prospects for Connecting Concepts and Methods of Individual Cognition and of Situativity [J]. Educational Psychologist, 2015, 50 (3): 248-251.

[83] Griffin M A, Neal A, Parker S K. A New Model of Work Role Perform-

ance: Positive Behavior in Uncertain and Interdependent Contexts [J]. Academy of Management Journal, 2007, 50 (2): 327-347.

[84] Groening C, Binnewies C. "Achievement Unlocked!" -The Impact of Digital Achievements as a Gamification Element on Motivation and Performance [J]. Computers in Human Behavior, 2019, 97 (2): 151-166.

[85] Gupta M, Kumar V, Singh M. Creating Satisfied Employees through Workplace Spirituality: A Study of the Private Insurance Sector in Punjab (India) [J]. Journal of Business Ethics, 2014, 22 (1): 79-88.

[86] Hajli N, Shanmugam M, Papagiannidis S, et al. Branding Co-creation with Members of Online Brand Communities [J]. Journal of Business Research, 2017, 70 (9): 136-144.

[87] Hamari J, Hassan L, Dias A. Gamification, Quantified-self or Social Networking? Matching Users' Goals with Motivational Technology [J]. User Modeling and User-Adapted Interaction, 2018, 28 (1): 35-74.

[88] Hamari J, Järvinen A. Building Customer Relationship through Game Mechanics in Social Games [M]. Business, Technological and Social Dimensions of Computer Games: Multidisciplinary Developments, 2011.

[89] Hamari J, Koivisto J, Sarsa H. Does Gamification Work? A Literature Review of Empirical Studies on Gamification [C]. The 47th Hawaii International Conference on System Sciences, IEEE, 2014.

[90] Hamari J, Koivisto J. "Working Out for Likes": An Empirical Study on Social Influence in Exercise Gamification [J]. Computers in Human Behavior, 2015, 50 (9): 333-347.

[91] Hamari J, Koivisto J. Measuring Flow in Gamification: Dispositional Flow Scale-2 [J]. Computers in Human Behavior, 2014, 40 (11): 133-143.

[92] Hamari J, Lehdonvirta V. Game Design as Marketing: How Game Mechanics Create Demand for Virtual Goods [J]. In International Journal of Business Science and Applied Management, 2010, 5 (1): 14-29.

[93] Hamari J, Tuunanen J. Player Types: A Meta-synthesis [J]. Transactions of the Digital Games Research Association, 2014, 3 (1): 29-53.

[94] Hamari J. Do Badges Increase User Activity? A Field Experiment on the Effects of Gamification [J]. Computers in Human Behavior, 2017, 71 (1): 469-478.

[95] Hamari J. Perspectives from Behavioral Economics to Analyzing Game Design Patterns: Loss Aversion in Social Games [R]. Social Games Workshop, 2011.

[96] Hamari J. Transforming Homo Economics into Homo Ludens: A Field Experiment on Gamification in a Utilitarian Peer-to-peer Trading Service [J]. Electronic Commerce Research and Applications, 2013, 12 (4): 236-245.

[97] Hammedi W, Leclercq T, Poncin I, et al. Uncovering the Dark Side of Gamification at Work: Impacts on Engagement and Well-being [J]. Journal of Business Research, 2021, 122 (1): 256-269.

[98] Hammedi W, Leclercq T, Poncin I. Customer Engagement: The Role of Gamification [M]. Publisher: Edward Elgar, 2019.

[99] Hammedi W, Leclercq T, Riel A. The Use of Gamification Mechanics to Increase Employee and User Engagement in Participative Healthcare Services: A Study of Two Cases [J]. Journal of Service Management, 2017, 28 (4): 640-661.

[100] Hanush M D, Fox J. Assessing the Effects of Gamification in the Classroom: A Longitudinal Study on Intrinsic Motivation, Social Comparison, Satisfaction, Effort, and Academic Performance [J]. Computers & Education, 2015 (80): 152-161.

[101] Harwood T, Garry T. An Investigation into Gamification as a Customer Engagement Experience Environment [J]. Journal of Services Marketing, 2015, 29 (6): 533-546.

[102] Hassan L, Morschheuser B, Alexan N, et al. First-hand Experience

of Why Gamification Projects Fail and What to Do about it [C]. Proceedings of the 2nd International Gamification Conference, 2018.

[103] Hattiea J, Hodisb F A, Kang S K. Theories of Motivation: Integration and Ways Forward [J]. Contemporary Educational Psychology, 2020, 61 (5): 1-8.

[104] Heijden H, Burgers M J, Kaan A M, et al. Gamification in Dutch Businesses: An Explorative Case Study [J]. SAGE Open, 2020, 10 (11): 1-13.

[105] Heijden H. User Acceptance of Hedonic Information Systems [J]. MIS Quarterly, 2004, 28 (4): 695-704.

[106] Hicks D A. Religion and the Workplace Pluralism, Spirituality, Leadership [M]. Cambridge University Press, Cambridge, 2003.

[107] Hirschheim R, Klein H K. A Glorious and Not-so-short History of the Information Systems Field [J]. Journal of the Association for Information Systems, 2012, 13 (4): 50-60.

[108] Hofacker C F, Ruyter K D, Lurie N H, et al. Gamification and Mobile Marketing Effectiveness [J]. Journal of Interactive Marketing, 2016, 34 (4): 25-36.

[109] Högberg J, Hamari J, Wästlund E. Gameful Experience Questionnaire (gameful quest): An Instrument for Measuring the Perceived Gamefulness of System Use [J]. User Modeling and User-Adapted Interaction, 2019, 29 (2): 619-660.

[110] Hollebeek L D, Macky K. Digital Content Marketing's Role in Fostering Consumer Engagement, Trust, and Value: Framework, Fundamental Propositions, and Implications [J]. Journal of Interactive Marketing, 2019, 45 (1): 27-41.

[111] Höllig C E, Tumasjan A, Welpe I M. Individualizing Gamified Systems: The Role of Trait Competitiveness and Leaderboard Design [J]. Journal of

Business Research, 2020, 106 (2): 288-303.

[112] Hong S, Wang Y. Invested Loyalty: The Impact of Ubiquitous Technology on Current Loyalty Paradigm and the Potential Revolution [J]. Journal of Strategic Marketing, 2011, 19 (2): 187-204.

[113] Houghton J D, Neck C P, Krishnakumar S. The What, Why, and How of Spirituality in the Workplace Revisited: A 14-year Update and Extension [J]. Journal of Management, Spirituality & Religion, 2016, 13 (3): 177-205.

[114] Hsu C L, Chen M C. How Gamification Marketing Activities Motivate Desirable Consumer Behaviors: Focusing on the Role of Brand Love [J]. Computers in Human Behavior, 2018, 88 (11): 121-133.

[115] Hu J, Xi T. The Relationship between Game Elements and Player Emotions by Comparing Game Frameworks [C]. International Conference on Human-Computer Interaction, 2019.

[116] Huotari K, Hamari J. A Definition for Gamification: Anchoring Gamification in The Service Marketing Literature [J]. Electronic Markets, 2017, 27 (1): 21-31.

[117] Huotari K, Hamari J. Defining Gamification: A Service Marketing Perspective [C]. 16th International Academic Mind Trek Conference, 2012: 77-82.

[118] Hwang J, Choi L. Having Fun While Receiving Rewards? Exploration of Gamification in Loyalty Programs for Consumer Loyalty [J]. Journal of Business Research, 2019, 31 (1): 1-12.

[119] Ismail A, Nowalid W, R Hisham Raja I. Proactive Behavior Enhancing Employees' Career Success [J]. Sains Humanika, 2018, 10 (2): 53-63.

[120] Jaakkola E, Alexander M. The Role of Customer Engagement Behavior in Value Co-creation A Service System Perspective [J]. Journal of Service Research, 2014, 14 (3): 1-15.

[121] Jacobs G. Segmentation of the Games Market Using Multivariate Analysis [J]. Journal of Targeting, Measurement and Analysis for Marketing, 2005, 13 (3): 275-287.

[122] Jahn K, Kordyaka B, Machulska A, et al. Individualized Gamification Elements: The Impact of Avatar and Feedback Design on Reuse Intention [J]. Computers in Human Behavior, 2021, 119 (6): 106-118.

[123] Jian T, Prestopnik N R. Toward an Understanding of the Influences of Meaningful Framing on User Participation in a Gamified Information System [C]. European Conference on Information Systems (ECIS), 2016.

[124] Johnson D, Deterding S, Kuhn K A. Gamification for Health and Well-being: A Systematic Review of the Literature [J]. Internet Interventions, 2016 (6): 89-106.

[125] Jones B A, Madden G J, Wengreen H J. The FIT Game: Preliminary Evaluation of a Gamification Approach to Increasing Fruit and Vegetable Consumption in School [J]. Preventive Medicine, 2014, 68 (1): 76-79.

[126] Jung J H, Schneider C, Valacich J. Enhancing the Motivational Affordance of Information Systems: The Effects of Real-time Performance Feedback and Goal Setting in Group Collaboration Environments [J]. Management Science, 2010, 56 (4): 724-742.

[127] Justin E, Joy M A. Literature Review on the Role of Gamification in Customer Engagement: Specific Study on E-payment Applications [J]. Think India Journal, 2019, 22 (10): 4113-4119.

[128] Kahn W. Psychological Conditions of Personal Engagement and Disengagement at Work [J]. The Academy of Management Journal, 1990, 33 (4): 692-724.

[129] Kallio K P, Mäyrä F, Kaipainen K. At Least Nine Ways to Play: Approaching Gamer Mentalities [J]. Games and Culture, 2011, 6 (4): 327-353.

[130] Kamel M M, Watfa M K, Lobo B, et al. Is Enterprise Gamification

being Cannibalized by Its Own Brand? [J]. IEEE Transactions on Professional Communication, 2017 (2): 1-18.

[131] Kankanhalli A, Taher M, Cavusoglu H, et al. Gamification: A New Paradigm for Online User Engagement [C]. International Conference on Information Systems, 2012.

[132] Kapp K M. The Gamification of Learning and Instruction: Game-based Methods and Strategies for Training and Education [M]. Hoboken, New Jersey: John Wiley & Sons, 2012.

[133] Kavaliova M, Virjee F, Maehle N, et al. Crowd-sourcing Innovation and Product Development: Gamification as a Motivational Driver [J]. Cogent Business & Management, 2016, 3 (1): 112-132.

[134] Kelle S, Klemke R, Specht M. Effects of Game Design Patterns on Basic Life Support Training Content [C]. International Forum of Educational Technology & Society (IFETS), 2013.

[135] Kim J, Castelli D M. Effects of Gamification on Behavioral Change in Education: A Meta-analysis [J]. International Journal of Environmental Research and Public Health, 2021, 18 (7): 3550-3560.

[136] Kim S. How a Company's Gamification Strategy Influences Corporate Learning: A Study Based on Gamified MSLP (Mobile Social Learning Platform) [J]. Telematics and Informatics, 2020, 57 (4): 1-19.

[137] Klein K J, Lim B C, Saltz J L, et al. How Do They Get There? An Examination of the Antecedents of Centrality in Team Networks [J]. Academy of Management Journal, 2004, 47 (6): 952-963.

[138] Kocadere S A, Çağlarş. Gamification from Player Type Perspective: A Case Study [J]. Educational Technology & Society, 2018, 21 (3): 1-13.

[139] Kochukalam C A, Srampickal S G. Workplace Spirituality: A Transcending Experience [J]. Global Journal of Commerce & Management Perspective, 2018, 7 (1): 20-22.

[140] Koivisto J, Hamari J. Demographic Differences in Perceived Benefits from Gamification [J]. Computers in Human Behavior, 2014, 35 (3): 179-188.

[141] Koivisto J, Hamari J. The Rise of Motivational Information Systems: A Review of Gamification Research [J]. International Journal of Information Management, 2017 (4): 191-210.

[142] Korn O, Boffo S, Schmidt A. The Effect of Gamification on Emotions-The Potential of Facial Recognition in Work Environments [C]. HCI International, 2015.

[143] Kotsopoulos D, Bardaki C, Lounis S, et al. Employee Profiles and Preferences Towards IoT-enabled Gamification for Energy Conservation [J]. International Journal of Serious Games, 2018, 5 (2): 65-85.

[144] Krahnke K, Giacalone R A, Jurkiewicz C L. Point-counterpoint: Measuring Workplace Spirituality [J]. Journal of Organizational Change Management, 2003, 16 (4): 396-405.

[145] Kumar H, Raghavendran S. Gamification, The Finer Art: Fostering Creativity and Employee Engagement [J]. Journal of Business Strategy, 2015, 36 (6): 3-12.

[146] Kumar J, Herger M. Gamification at Work: Designing Engaging Business Software [M]. Interaction Design Foundation, 2013.

[147] Kumar V, Rajan B, Gupta S, et al. Customer Engagement in Service [J]. Journal of the Academy of Marketing Science, 2019, 47 (1): 138-160.

[148] Kuo M S, Chuang T Y. How Gamification Motivates Visits and Engagement for Online Academic Dissemination: An Empirical Study [J]. Computers in Human Behavior, 2016, 55 (3): 16-27.

[149] Lam C F, Spreitzer G, Fritz C. Too Much of a Good Thing: Curvilinear Effect of Positive Affect on Proactive Behaviors [J]. Journal of Organizational Behavior, 2014, 35 (4): 530-546.

[150] Landers R N, Bauer K N, Callan R C. Gamification of Task Performance with Leaderboards: A Goal Setting Experiment [J]. Computers in Human Behavior, 2015, 71 (3): 508-515.

[151] Landers R N, Landers A K. An Empirical Test of the Theory of Gamified Learning: The Effect of Leaderboards on Time-on-task and Academic Performance [J]. Simulation & Gaming, 2015, 45 (6): 769-785.

[152] Landers R N, Tondello G F, Kappen D L, et al. Defining Gameful Experience as a Psychological State Caused by Gameplay: Replacing The Term "Gamefulness" with Three Distinct Constructs [J]. International Journal of Human-Computer Studies, 2018, 127 (8): 81-94.

[153] Laureyssens T, Coenen T, Claeys L, et al. ZWERM: A Modular Component Network Approach for an Urban Participation Game [C]. 32nd Annual ACM Conference on Human Factors in Computing Systems, 2014: 3259-3268.

[154] Lazzaro N. Why We Play Games: Four Keys to More Emotion Without Story [J]. Game Developers Conference, 2004 (3): 22-26.

[155] Leclercq T, Hammedi W, Poncin I. The Boundaries of Gamification for Engaging Customers: Effects of Losing a Contest in Online Co-creation Communities [J]. Journal of Interactive Marketing, 2018, 44 (3): 82-101.

[156] Leclercq T, Poncin I, Hammedi W, et al. When Gamification Backfires: The Impact of Perceived Justice on Online Community Contributions [J]. Journal of Marketing Management, 2020, 36 (6): 550-577.

[157] Leclercq T, Poncin I, Hammedi W. Opening the Black Box of Gameful Experience: Implications for Gamification Process Design [J]. Journal of Retailing and Consumer Service, 2020, 52 (7): 1-9.

[158] Leclercq T, Poncin I, Hammedi W. The Engagement Process during Value Co-creation: Gamification in New Product Development Platforms [J]. International Journal of Electronic Commerce, 2017, 21 (4): 454-488.

[159] Lee S, Lovelace K J, Manz C C. Serving with Spirit: An Integrative

Model of Workplace Spirituality Within Service Organizations [J]. Journal of Management, Spirituality & Religion, 2014, 11 (1): 45-64.

[160] Levina N, Arriaga M. Distinction and Status Production on User-generated Content Platforms: Using Bourdieu's Theory of Cultural Production to Understand Social Dynamics in Online Fields [J]. Information Systems Research, 2014, 25 (3): 468-488.

[161] Li C Y. Consumer Behavior in Switching between Membership Cards and Mobile Applications: The Case of Starbucks [J]. Computers in Human Behavior, 2017, 84 (7): 171-184.

[162] Lieberoth A. Shallow Gamification Testing Psychological Effects of Framing An Activity as A Game [J]. Games and Culture, 2015, 10 (3): 229-248.

[163] Liu D, Santhanam R, Webster J. Towards Meaningful Engagement: A Framework for Design and Research of Gamified Information Systems [J]. MIS Quarterly, 2016 (11): 1-51.

[164] Liu M, Huang Y, Zhang D. Gamification's Impact on Manufacturing: Enhancing Job Motivation, Satisfaction and Operational Performance with Smartphone-based Gamified Job Design [J]. Human Factors and Ergonomics in Manufacturing & Service Industries, 2017, 32 (10): 38-51.

[165] Locke E A. Toward a Theory of Task Motivation and Incentives [J]. Organizational Behavior & Human Performance, 1968, 3 (3): 157-189.

[166] Lopeza C E, Tucker C S. The Effects of Player Type on Performance: A Gamification Case Study [J]. Computers in Human Behavior, 2019, 91 (2): 333-345.

[167] Lowman W, Graham H. Moving Beyond Identification: Using Gamification to Attract and Retain Talent [J]. Industrial and Organizational Psychology, 2016, 9 (3): 677-682.

[168] Lucassen G, Jansen S. Gamification in Consumer Marketing: Future

or Fallacy? [J]. Procedia Social and Behavioral Sciences, 2014, 14 (8): 194-202.

[169] Mahadar R. Optimizing Gamification Design [J]. Cognizant Insights, 2014 (3): 1-6.

[170] Mäntymäki M, Salo, J. Purchasing Behavior in Social Virtual Worlds: An Examination of Habbo Hotel [J]. International Journal of Information Management, 2013, 33 (2): 282-290.

[171] Mäntymäki M, Salo, J. Why Do Teens Spend Real Money in Virtual Worlds? A Consumption Values and Developmental Psychology Perspective on Virtual Consumption [J]. International Journal of Information Management, 2015, 35 (1): 124-134.

[172] Marczewski A. Six User Types for Gamification Design-hexad [M]. Gamified UK, 2013.

[173] Marczewski A. User Types HEXAD [M]. Gamified UK, 2015.

[174] Marquardt D W. Generalized Inverses, Ridge Regression, Biased Linear Estimation, and Nonlinear Estimation [J]. Technometrics, 1970, 10 (12): 591-612.

[175] Marques J. HR's Crucial Role in the Establishment of Spirituality in the Workplace [J]. Journal of American Academy of Business Cambridge, 2005, 7 (2): 27-31.

[176] McGonigal J. Reality is Broken: Why Games Make Us Better and How They Can Change the World [M]. New York: The Penguin Group, 2011.

[177] Mekler E D, Opwis K, Tuch A N. Disassembling Gamification: The Effects of Points and Meaning on User Motivation and Performance [C]. Chi Extended Abstracts on Human Factors in Computing Systems, 2013.

[178] Milliman J, Czaplewski J, Ferguson J. Workplace Spirituality and Employee Work Attitudes: An Exploratory Empirical Assessment [J]. Journal of Organizational Change Management, 2003, 16 (4): 426-447.

[179] Mitchell R, Schuster L, Jin H S. Gamification and the Impact of Extrinsic Motivation on Needs Satisfaction: Making Work Fun? [J]. Journal of Business Research, 2020, 56 (8): 1-8.

[180] Mollick E R, Rothbard N. Mandatory Fun: Consent, Gamification and the Impact of Games at Work [J]. Social Science Electronic Publishing, 2014 (5): 3-12.

[181] Moradian A, Nasir M, Lyons K, et al. Gamification of Collaborative Idea Generation and Convergence [C]. Proceedings of the Extended Abstracts of the 32nd Annual ACM Conference on Human Factors in Computing Systems, 2014.

[182] Morrison E W, Phelps C C. Taking Charge at Work: Extra Role Efforts to Initiate Workplace Change [J]. Academy of Management Journal, 1999, 42 (2): 403-419.

[183] Mucollarih L, Samokhin V. Gamification: The Influence of Gamification on the Consumer Purchase Intention [D]. Uppsala University, 2017.

[184] Mullins J K, Sabherwal R. Gamification: A Cognitive-emotional View [J]. Journal of Business Research, 2020, 106 (5): 304-314.

[185] Nicholson N. A Theory of Work Role Transitions [J]. Administrative Science Quarterly, 1984, 29 (3): 172-191.

[186] Nina A, Sasho J. Application of Gamification as a Driver for Better Business Performances: Case of Grouper [J]. Interdisciplinary Description of Complex Systems: INDECS, 2021, 19 (1): 132-145.

[187] Nolen S B. A Situative Turn in the Conversation on Motivation Theories [J]. Contemporary Educational Psychology, 2020, 61 (5): 1-6.

[188] Oh S. The Characteristics and Motivations of Health Answers for Sharing Information, Knowledge, and Experiences in Online Environments [J]. Journal of the American Society for Information Science and Technology, 2012, 63 (3): 543-557.

[189] Ohly S, Fritz C. Work Characteristics, Challenge Appraisal, Creativi-

ty, and Proactive Behavior: A Multi-level Study [J]. Journal of Organizational Behavior, 2010, 31 (4): 543-565.

[190] Ohly S, Sonnentag S, Pluntke F. Routinization, Work Characteristics and Their Relationships with Creative and Proactive Behaviors [J]. Journal of Organizational Behavior, 2006, 27 (3): 257-279.

[191] Oppong-Tawiah D, Webster J, Staples S, et al. Developing a Gamified Mobile Application to Encourage Sustainable Energy Use in the Office [J]. Journal of Business Research, 2020, 106 (3): 388-405.

[192] Oprescu F, Christian J, Mary K. I Play at Work-Ten Principles for Transforming Work Processes Through Gamification [J]. Frontiers in Psychology, 2014, 5 (2): 14-18.

[193] Oravec J A. Gamification and Multi-gamification in the Workplace: Expanding the Ludic Dimensions of Work and Challenging the Work/Play Dichotomy [J]. Cyber Psychology, 2015, 9 (3): 1-14.

[194] Orwin L, Kist A A, Maxwell A D, et al. Using Gamification to Create Opportunities for Engagement, Collaboration and Communication in a Peer-to-peer Environment for Making and Using Remote Access Labs [C]. 3rd Experiment International Conference, IEEE, 2015.

[195] Palmer D, Lunceford S, Patton A J. The Engagement Economy: How Gamification Is Reshaping Businesses [EB/OL]. https://www.docin.com/P-963423109.html. 2012.

[196] Pansari A, Kumar V. Customer Engagement: The Construct, Antecedents, and Consequences [J]. Journal of the Academy of Marketing Science, 2017, 45 (3): 294-311.

[197] Parker S K, Collins C G. Taking Stock: Integrating and Differentiating Multiple Proactive Behaviors [J]. Journal of Management, 2010, 36 (3): 633-662.

[198] Parker S K, Williams H M, Turner N. Modeling the Antecedents of

Proactive Behavior at Work [J]. Journal of Applied Psychology, 2006, 91 (3): 636-652.

[199] Parker S K, Wu C H. Leading for Proactivity: How Leaders Cultivate Staff Who Make Things Happen [M]. Oxford University Press, 2014.

[200] Penenberg A L. Play at Work: How Games Inspire Breakthrough Thinking [M]. New York: Portfolio/Penguin, 2015.

[201] PeThan E P, Goh H L, Lee C S. Making Work Fun: Investigating Antecedents of Perceived Enjoyment in Human Computation Games for Information Sharing [J]. Computers in Human Behavior, 2014 (39): 88-99.

[202] Pfeffer J. Business and Spirit: Management Practices That Sustain [M]. New York: Sharpe M E and Armonk, 2003.

[203] Pietersen H J. Workplace Spirituality: A Meta-theoretical Perspective [J]. Mediterranean Journal of Social Sciences, 2014 (5): 2269-2276.

[204] Pradhan R K, Jena L K. Workplace Spirituality and Employee Job Behaviour: An Empirical Investigation in Indian Manufacturing Organizations [J]. Paradigm, 2016, 20 (2): 1-17.

[205] Qiao D D, Lee S Y, Whinston A, et al. Incentive Provision and Prosocial Behaviors [C]. 50th Hawaii International Conference on System Sciences HICSS, 2017: 5599-5608.

[206] Reiners T, Wood L C. Gamification in Education and Business [M]. Springer International Publishing, School of Information Systems, Curtin University, Bentley, WA, Australia, 2015.

[207] Riasudeen S, Prabavathy R. Relationship of Workplace Spirituality and Work Attitude in Manufacturing Organization [J]. Global Management Review, 2011, 5 (4): 29-37.

[208] Richard N. Landers, Kristina N. Bauer, Rachel C. Callan. Gamification of Task Performance with Leaderboards: A Goal Setting Experiment [J]. Computers in Human Behavior, 2015, 71 (7): 508-515.

[209] Richter G, Raban D R, Rafaeli S. Studying Gamification: The Effect of Rewards and Incentives on Motivation [M]. Gamification in Education and Business, Springer, 2015: 21-46.

[210] Rigby S, Ryan R M. Glued to Games: How Video Games Draw Us in and Hold Us Spellbound [C]. ABC-CLIO, 2011.

[211] Rives L. The Impact of Gamification on Employee Engagement in Advertising Agencies in South Africa [D]. University of Pretoria, 2016.

[212] Robson K, Plangger K, Kietzmann J, et al. Game on: Engaging Customers and Employees Through Gamification [J]. Business Horizons, 2015, 21 (8): 1-8.

[213] Robson K, Plangger K, Kietzmann J, et al. Understanding Gamification of Consumer Experiences [J]. Advances in Consumer Research, 2014, 42 (1): 352-356.

[214] Rodrigues L F, Oliveira A, Costa C J. Does Ease-of-use Contributes to the Perception of Enjoyment? A Case of Gamification in E-banking [J]. Computers in Human Behavior, 2016, 61 (1): 111-126.

[215] Rodrigues R F, Oliveiraa A, Rodrigues H. Main Gamification Concepts: A Systematic Mapping Study [J]. Heliyon, 2019, 5 (7): 1-12.

[216] Ruhi U. Level up Your Strategy: Towards a Descriptive Framework for Meaningful Enterprise Gamification [J]. Social Science Electronic Publishing, 2015, 5 (8): 5-16.

[217] Rust B, Gabriels C. Spirituality in the Workplace: Awareness of the Human Resources Function [J]. African Journal of Business Management, 2011, 5 (4): 1353-1364.

[218] Sailer M, Hense J U, Mayr S K, et al. How Gamification Motivates: An Experimental Study of The Effects of Specific Game Design Elements on Psychological Need Satisfaction [J]. Computers in Human Behavior, 2017, 69 (6): 371-380.

[219] Sandelands L E. Effects of Work and Play Signals on Task Evaluation [J]. Journal of Applied Social Psychology, 1988, 18 (12): 1032-1048.

[220] Sarangi S, Shah S. Individuals, Teams and Organizations Score with Gamification [J]. Human Resource Management International Digest, 2015, 23 (4): 24-27.

[221] Schaufeli W, Salanova M, González-Romá V. The Measurement of Engagement and Burnout: A Two Sample Confirmatory Factor Analytic Approach [J]. Journal of Happiness Studies, 2002 (3): 71-92.

[222] Schhbel S, Ssllner M, Leimeister J M. The Agony of Choice Analyzing User Preferences Regarding Gamification Elements in Learning Management Systems [J]. SSRN Electronic Journal, 2016.

[223] Schmidt R, Schmidt B, Lattenkamp K, et al. Motivational Design Cards: A Practical Approach for Game-based Motivational Design at The Workplace [C]. International Academic Mindtrek Conference, ACM, 2015.

[224] Schönen R, Scheytt P, Seidel M. Gamification in Change Management Processes [J]. Penguin, 2014, 12 (2): 1-14.

[225] Schutte P W. Workplace Spirituality: A Tool or A Trend? [J]. HTS Theological Studies, 2016, 72 (4): 1-5.

[226] Schweisfurth T G. Comparing Internal and External Lead Users as Sources of Innovation [J]. Research Policy, 2016, 46 (1): 1-12.

[227] Scott S G, Bruce R A. Determinants of Innovative Behavior: A Path Model of Individual Innovation in The Workplace [J]. Academy of Management Journal, 1994, 37 (3): 580-607.

[228] Seaborn K, Fels D I. Gamification in Theory and Action: A Survey [J]. International Journal of Human-Computer Studies, 2015, 17 (74): 14-31.

[229] Seibert S E, Kraimer M L, Crant J M. What Do Proactive People Do? A Longitudinal Model Linking Proactive Personality and Career Success [J]. Per-

sonnel Psychology, 2001, 54 (2): 845-874.

[230] Shang S C, Lin K Y. An Understanding of the Impact of Gamification on Purchase Intentions [C]. Proceedings of the 19th Americas Conference on Information Systems, 2013.

[231] Shen W Q, Hu J, Ulmer R. Competing for Attention: An Empirical Study of Online Reviewers Strategic Behavior [J]. MIS Quarterly, 2015, 39 (3): 683-696.

[232] Sheng C W, Chen M C. Workplace Spirituality Scale Design-from the View of Oriental Culture [J]. Business and Management Research, 2012, 1 (4): 46-62.

[233] Shpakova A, Dörfler V, MacBryde J. Changing the Game: A Case for Gamifying Knowledge Management [J]. World Journal of Science, Technology and Sustainable Development, 2017, 14 (2/3): 143-154.

[234] Shpakova A, Dörflfler V, MacBryde J. Gamifying Innovation and Innovating Through Gamification, In Book: Subsistence Entrepreneurship: The Interplay of Collaborative Innovation, Sustainability and Social Goals [M]. Springer Nature Switzerland AG, 2019: 183-194.

[235] Silic M, Back A. Impact of Gamification on User's Knowledge-sharing Practices: Relationships between Work Motivation, Performance Expectancy and Work Engagement [C]. Proceedings of the 50th Hawaii International Conference on System Sciences, 2017.

[236] Sillaots M, Jesmin T, Rinde A. Survey for Mapping Game Elements [C]. Conference: European Conference on Games Based Learning ECGBL, 2016.

[237] Singh J, Chopra V G. Workplace Spirituality, Grit and Work Engagement [J]. Asia-Pacific Journal of Management Research and Innovation, 2018, 14 (2): 50-59.

[238] Sorakraikitikul M, Siengthai S. Organizational Learning Culture and Workplace Spirituality Is Knowledge Sharing Behaviour A Missing Link? [J]. The

Learning Organization, 2014, 21 (4): 175-192.

[239] Sousa B S, Durelli V S, Reis H M, et al. A Systematic Mapping on Gamification Applied to Education [C]. 29th Annual ACM Symposium on Applied Computing, 2014.

[240] Stanculescu L C, Bozzon A, Sips R J. Work and Play: An Experiment in Enterprise Gamification [C]. Proceedings of the ACM Conference on Computer Supported Cooperative Work, 2016.

[241] Stewart B. Personality and Play Styles: A Unified Model [M]. Gamasutra, 2011.

[242] Strauss K, Griffin M A, Parker S K, et al. Building and Sustaining Proactive Behaviors: The Role of Adaptivity and Job Satisfaction [J]. Journal of Business & Psychology, 2015, 30 (1): 63-72.

[243] Suh A, Cheung C M, Ahuja M, et al. Gamification in The Workplace: The Central Role of The Aesthetic Experience [J]. Journal of Management Information Systems, 2017, 34 (1): 268-305.

[244] Suh A, Wagner C, Liu L. The Effects of Game Dynamics on User Engagement in Gamified Systems [C]. Hawaii International Conference on System Sciences, IEEE Computer Society, 2015.

[245] Sun Y C, Dong X J, Intyre S. Motivation of User-generated Content: Social Connectedness Moderates The Effects of Monetary Rewards [J]. Marketing Science, 2017, 36 (3): 329-337.

[246] Sweetser P, Wyeth P A. Game Flow [J]. Computers in Entertainment (CIE), 2005, 3 (4): 11-17.

[247] Tang J, Jia Y, Zhang P. Using Gamification to Support Users' Adoption of Contextual Achievement Goals [C]. Hawaii International Conference on System Sciences, 2020.

[248] Tang J, Zhang P. Exploring The Relationships between Gamification and Motivational Needs in Technology Design [J]. International Journal of Crowd

Science, 2019, 3 (5): 87-103.

[249] Tansley C, Hafermalz E, Dery K. Talent Development Gamification in Talent Selection Assessment Centres [J]. European Journal of Training & Development, 2016, 40 (7): 490-512.

[250] Thom J, Millen D, DiMicco J. Removing Gamification from an Enterprise SNS [C]. Conference on Computer Supported Cooperative Work, 2012.

[251] Thomas W I, Znaniecki F. The Polish Peasant in Europe and America [M]. University of Illinois Press, 1996.

[252] Thomas W I. The Behavior Pattern and The Situation [J]. Publications of The American Sociological Society, 1927 (22): 1-13.

[253] Tobón S, Josél A, Ruiz A R, et al. Gamification and Online Consumer Decisions: Is The Game Over [J]. Decision Support Systems, 2019, 12 (10): 1-13.

[254] Tondello G F, Premsukh H, Nacke L E. A Theory of Gamification Principles Through Goal-setting Theory [C]. The 51st Hawaii International Conference on System Sciences (HICSS), 2018.

[255] Tondello G, Mora A, Nacke L. Elements of Gameful Design Emerging from User Preferences [C]. 2017 Annual Symposium on Computer-Human Interaction in Play, 2017.

[256] Tseng F C. Segmenting Online Gamers by Motivation [J]. Expert Systems with Applications, 2010, 38 (10): 7693-7697.

[257] Tsourma M, Zikos S, Albanis G, et al. Gamification Concepts for Leveraging Knowledge Sharing in Industry 4.0 [J]. International Journal of Serious Games, 2019, 6 (6): 75-87.

[258] Van Dyne L, Le Pine J A. Helping and Voice Extra-role Behaviors: Evidence of Construct and Predictive Validity [J]. Academy of Management Journal, 1998, 41 (2): 108-119.

[259] Van Tonder C L, Ramdass P. A Spirited Workplace: Employee Per-

spectives on the Meaning of Workplace Spirituality [J]. Sa Journal of Human Resource Management, 2009, 7 (1): 1-15.

[260] Vesa M, Hamari J, Harviainen J T, et al. Computer Games and Organization Studies [J]. Organization Studies, 2017, 38 (2): 273-284.

[261] Von Rechenberg T, Gutt D, Kundisch D. Goals as Reference Points: Empirical Evidence from a Virtual Reward System [J]. Decision Analysis, 2016, 13 (2): 153-171.

[262] Webster J. Martocchio J. Microcomputer Playfulness: Development of a Measure with Workplace Implications [J]. MIS Quarterly, 1992, 16 (2): 201-226.

[263] Werbach K, Hunter D. For the Win: How Game Thinking Can Revolutionize Your Business [M]. Philadelpha, PA: What on Digital Press, 2012.

[264] Whang S M, Chang G. Lifestyles of Virtual World Residents: Living in the On-line Game "Lineage" [J]. Cyber Psychology & Behavior, 2004, 7 (5): 592-600.

[265] Wigfielda A, Koenka A C. Where Do We Go from Here in Academic Motivation Theory and Research? Some Reflections and Recommendations for Future Work [J]. Contemporary Educational Psychology, 2020, 61 (5): 1-9.

[266] Wolf T, Weiger W, Hammerschmidt M. Experiences That Matter? The Motivational Experiences and Business Outcomes of Gamified Services [J]. Journal of Business Research, 2018 (12): 1-12.

[267] Wolf T, Weiger W, Hammerschmidt M. Gamified Digital Services: How Gameful Experiences Drive Continued Service Usage [C]. Hawaii International Conference on System Sciences, 2017.

[268] Woźniak J. Some Factors Hindering Acceptance of Three Gamification Solutions in Motivation Systems, in Small and Medium Enterprises [J]. Management Dynamics in the Knowledge Economy, 2017, 5 (4): 663-680.

[269] Wu C H, Parker S, Wu L Z, et al. When and Why People Engage in

Different Forms of Proactive Behavior: Interactive Effects of Self-construals and Work Characteristics [J]. Academy of Management Journal, 2017 (4): 1-77.

[270] Wu Y, Kankanhalli A, Huang K W. Gamification in Fitness Apps: How Do Leaderboards Influence Exercise [C]. International Conference of Information Systems, 2015.

[271] Xi N, Hamari J. Does Gamification Satisfy Needs? A Study on the Relationship between Gamification Features and Intrinsic Need Satisfaction [J]. International Journal of Information Management, 2019, 46 (7): 210-221.

[272] Xi N, Hamari J. The Relationship between Gamification, Brand Engagement and Brand Equity [C]. The 52nd Hawaii International Conference on System Sciences, 2019.

[273] Yang Y, Asaad Y, Dwivedi Y. Examining the Impact of Gamification on Intention of Engagement and Brand Attitude in the Marketing Context [J]. Computers in Human Behavior, 2017, 73 (8): 459-469.

[274] Yee N, Ducheneaut L, Nelson O. Online Gaming Motivations Scale: Development and Validation [C]. Annual Conference on Human Factors in Computing Systems, 2012: 2803-2806.

[275] Yee N. Motivations of Play in Online Games [J]. Journal of Cyber Psychology and Behavior, 2007, 11 (9): 772-775.

[276] Yee N. The Demographics, Motivations and Derived Experiences of Users of Massively Multi-user Online Graphical Environments [J]. PRESENCE: Teleoperators and Virtual Environments, 2006, 15 (2): 309-329.

[277] Yoganathan D, Kajanan S. Personal Fitness Trainer: The Effect of Feedback Presentation Formats [C]. Pacific Asia Conference on Information Systems, 2014.

[278] Yüksel M, Durmaz A. The Effect of Perceived Socially Motivated Gamification on Purchase Intention: Does It Really Work [J]. Aeusbed, 2016, 2 (3): 15-25.

［279］Zackariasson P，Wåhlin N，Wilson T L. Virtual Identities and Market Segmentation in Marketing in and Through Massively Multiplayer Online Games ［J］. Services Marketing Quarterly，2010，31（3）：275-295.

［280］Zichermann G，Linder J. Game-based Marketing：Inspire Customer Loyalty Through Rewards，Challenges，and Contests ［M］. Hoboken，New Jersey：John Wiley & Sons，2013.

［281］Zichermann G，Linder J. The Gamification Revolution：How Leaders Leverage Game Mechanics to Crush The Competition ［M］. McGraw-Hill，2013.

［282］Ziesemer A，Müller L，Silveira M S. Just Rate It！Gamification as Part of Recommendation ［M］. Kurosu M（Ed.）. Cham：Springer，2014：786-796.

［283］Zuckerman O，Gal-Oz A. Deconstructing Gamification：Evaluating the Effectiveness of Continuous Measurement，Virtual Rewards，and Social Comparison for Promoting Physical Activity ［J］. Personal and Ubiquitous Computing，2014，18（7）：1705-1719.

［284］常凯. 劳动关系学 ［M］. 北京：中国劳动社会保障出版社，2005：298.

［285］常涛，周苗，刘智强."领导低估型"内在认同不对称对员工主动行为的影响研究 ［J］. 管理学报，2017，14（8）：1172-1181.

［286］陈国青，李纪琛，邓泓舒语，等. 游戏化竞争对在线学习用户行为的影响研究 ［J］. 管理科学学报，2020，23（2）：16-27.

［287］陈劲. 承前启后、开启有意义的管理模式 ［J］. 清华管理评论，2019（10）：1-2.

［288］陈静. 服务型企业顾客融入驱动机制研究——基于体验的视角 ［J］. 管理世界，2017，33（7）：184-185.

［289］陈园园，高良谋. 游戏化能够激发员工的主动行为吗 ［J］. 外国经济与管理，2021，43（9）：133-152.

［290］陈园园. 游戏化对在线品牌社区用户参与的激励机理——基于小

米的案例研究[J]. 管理案例研究与评论, 2021, 14 (3): 326-339.

[291] 崔子龙, 李玉银, 张开心. 诚信领导对下属主动行为影响机理研究[J]. 华东经济管理, 2015 (8): 137-143.

[292] 杜松华, 徐嘉泓, 张德鹏, 等. 游戏化如何驱动电商用户绿色消费行为——基于蚂蚁森林的网络民族志研究[J]. 南开管理评论, 2022, 25 (2): 191-204.

[293] 冯小亮, 黄敏学. 众包模式中问题解决者参与动机机制研究[J]. 商业经济与管理, 2013 (4): 25-35.

[294] 冯绚, 胡君辰. 工作游戏化：工作设计与员工激励的新思路[J]. 中国人力资源开发, 2016 (1): 14-22.

[295] 高超民, 罗文豪, 张锦飞. 电子游戏的激励机制研究——基于扎根理论的游戏者访谈数据质性分析[J]. 中国人力资源开发, 2016 (1): 30-39.

[296] 高良谋. 管理学高级教程[M]. 北京: 机械工业出版社, 2015.

[297] 高鹏, 李纯青, 褚玉杰, 等. 短视频顾客灵感的触发机制及其对顾客融入的影响[J]. 心理科学进展, 2020, 28 (5): 731-745.

[298] 耿天成, 李朋波, 梁晗. 内生与外生动机视角下新生代员工的游戏化管理——以罗辑思维公司为例[J]. 中国人力资源开发, 2017 (6): 108-116.

[299] 胡国栋, 王天娇. 组织：机器的延伸还是诗意之所——基于庄子技术观的省视[J]. 学术研究, 2018 (10): 102-109.

[300] 胡国栋, 张丽然. 儒家伦理与工作场所精神性：后工业社会工作的意义给赋[J]. 学术研究, 2017 (8): 95-106.

[301] 胡国栋, 朱阳. 组织管理中计算逻辑与情感逻辑的演化规律[J]. 管理现代化, 2014, 34 (4): 47-49.

[302] 胡青, 王胜男, 张兴伟, 等. 工作中的主动性行为的回顾与展望[J]. 心理科学进展, 2011, 19 (10): 1534-1543.

[303] 黄维, 赵鹏. 虚拟社区用户知识共享行为影响因素研究[J]. 情

报科学, 2016, 34 (4): 68-73.

[304] 柯江林, 孙健敏, 王娟. 职场精神力量表的开发及信效度检验[J]. 中国临床心理学杂志, 2014, 22 (5): 826-830.

[305] 李朝阳, 金永生, 卜庆娟. 顾客参与品牌社区价值共创对品牌资产影响研究——品牌体验的中介作用[J]. 营销科学学报, 2014, 10 (4): 109-124.

[306] 李海舰, 朱芳芳. 重新定义员工——从员工1.0到员工4.0的演进[J]. 中国工业经济, 2017, 34 (10): 156-173.

[307] 廖俊云, 林晓欣, 卫海英. 虚拟品牌社区价值如何影响消费者持续参与: 品牌知识的调节作用[J]. 南开管理评论, 2019, 22 (6): 16-22.

[308] 林新奇, 潘寒梅. 游戏化管理在现代企业中的开发与应用[J]. 管理学家 (学术版), 2013 (9): 74-80.

[309] 刘梦霏. 游戏的本质与魅力: 游戏为什么吸引人[EB/OL]. 2018. https://www.zhihu.com/people/felania-liu.

[310] 刘泱, 朱伟, 赵曙明. 包容型领导风格对雇佣关系氛围和员工主动行为的影响研究[J]. 管理学报, 2016, 13 (10): 1482-1489.

[311] 罗文豪, 孙雨晴, 冯蛟. 游戏化在人力资源管理中的应用: 理论分析与实践反思[J]. 中国人力资源开发, 2016, 43 (1): 6-13.

[312] 马向阳, 王宇龙, 汪波, 等. 品牌社区成员的感知、态度和参与行为研究[J]. 管理评论, 2017, 29 (7): 70-81.

[313] 宁昌会, 奚楠楠. 国外游戏化营销研究综述与展望[J]. 外国经济与管理, 2017, 29 (10): 72-86.

[314] 欧文·戈夫曼. 日常生活中的自我呈现[M]. 杭州: 浙江人民出版社, 1989.

[315] 秦芬, 李扬. 用户生成内容激励机制研究综述及展望[J]. 外国经济与管理, 2018, 40 (8): 142-153.

[316] 秦光涛. 意义: 人的自我提升和解放[J]. 学习与探索, 2000 (4): 62-65.

[317] 童泽林，李国城，肖皓文，等. 游戏化对绿色消费行为的负面溢出效应及应对策略［J/OL］. 南开管理评论，2023. https：//kns.cnki.net/kcms/detail/12.1288.f.20230302.1407.005.html.

[318] 王明辉，郭玲玲，方俐洛. 工作场所精神性的研究概况［J］. 心理科学进展，2009，17（1）：172-179.

[319] 王泽宇，杨慧，孙煊婷. 从内在动力到网络中心性：游戏化管理的创新业绩实证研究［J］. 中国人力资源开发，2016（1）：23-29.

[320] 魏巍，刘贝妮，凌亚如. 平台工作游戏化对网约配送员工作卷入的"双刃剑"影响——心流体验与过度劳动的作用［J］. 南开管理评论，2022，25（5）：13-24.

[321] 吴清津，王秀芝. 寓工作于玩乐：游戏化人力资源管理［J］. 中国人力资源开发，2012（10）：22-26.

[322] 吴瑶，肖静华，谢康，等. 从价值提供到价值共创的营销转型——企业与消费者协同演化视角的双案例研究［J］. 管理世界，2017（4）：138-157.

[323] 解学梅，王丽君. 用户参与对企业新产品开发绩效的影响机理：基于在线社区视角［J］. 南开管理评论，2019，22（3）：91-102.

[324] 奚楠楠，吴孟. 中国情境下游戏化营销的多案例研究［J］. 商业经济，2017（12）：74-75.

[325] 许勤，席猛，赵曙明，等. 基于工作投入与核心自我评价视角的辱虐管理与员工主动行为研究［J］. 管理学报，2015，12（3）：347-354.

[326] 杨少杰. 进化——组织形态管理［M］. 北京：中国发展出版社，2014.

[327] 杨振芳，孙贻文. 游戏化招聘：人才选拔的新途径［J］. 中国人力资源开发，2015，13（24）：45-50.

[328]［荷兰］约翰·赫伊津哈. 游戏的人：文化的游戏要素研究［M］. 多人译. 北京：中国美术学院出版社，1996.

[329]［美］约书亚·梅罗维茨. 消失的地域：电子媒介对社会行为的

影响［M］．肖志军译．北京：清华大学出版社，2002.

［330］张桂平，廖建桥．国外员工主动行为研究新进展探析［J］．外国经济与管理，2011，33（3）：58-64.

［331］张剑，张建兵，李跃，等．促进工作动机的有效路径：自我决定理论的观点［J］．心理科学进展，2010，18（5）：752-759.

［332］张文敏．顾客参与的前因变量与结果效应——基于组织顾客的实证研究［D］．华南理工大学博士学位论文，2012.

［333］章凯．激励理论新解［J］．科学管理研究，2003（2）：90-93.

［334］赵忠君，李佳欣．基于游戏化思维的企业招聘模式应用研究［J］．武汉商学院学报，2019，33（2）：72-77.

［335］周浩，龙立荣．共同方法偏差的统计检验与控制方法［J］．心理科学进展，2004，23（6）：942-950.

附　录

调查问卷

您好！我是一名博士研究生，正在从事一项关于游戏化方面的研究。由于研究需要收集一些数据，因此向您寻求帮助，恳请您抽出一点时间，协助填写以下调查问卷。问卷中各题目没有是非对错之分，仅仅是为了收集研究数据。请您按照所在公司的实际情况填写，我们承诺对您的回答进行保密，并保证本研究的所有数据仅用于纯学术研究，不会用于任何商业用途，请您放心作答。感谢您的合作！

1. 大众在线常态化使得电子游戏得到迅速的发展并连带将游戏思维和游戏元素等游戏属性推广到了非游戏化情境中，由此衍生出了"游戏化"这一概念。游戏化可以被认为是将游戏元素融入非游戏情境，通过带给玩家类似游戏般的积极体验来引导玩家态度、认知和进一步行为决策的一种设计。以下是常被企业采用的游戏元素及其具体描述。请问您所在的企业是否有采用以下至少三种游戏元素，如果有，请选择（如果不足三项，请结束答题）：（　　）[多选题]

（1）积分/经验值/贡献值　玩家可以凭借多种参与行为和良好表现赚取各种类型的分值奖励

（2）奖杯/勋章/荣誉称号　玩家完成一些特定的任务时可获得奖杯/勋章/荣誉称号等以示对其成就的表彰

（3）排名/排行榜　排名/排行榜可以让玩家将最近的行为表现与他人进行比较以刺激竞争

（4）虚拟货币/实体奖励　因行为表现突出而获得的非金钱、有价值的奖励

（5）故事/主题　公司通过讲故事的方式宣扬价值观、使命、责任和文化等

（6）虚拟角色/身份　在公司或部门中员工都有代表自身形象的、个性化的、有趣生动的虚拟角色或身份

（7）任务挑战/内容解锁/明确的目标　任务挑战/内容解锁/明确的目标是激励员工们去完成预先设定的目标，为员工提供了进步发展的方向

（8）（相对固定的）助手/搭档　每个员工都有（相对固定的）助手/搭档，或是上司或平级，或来自同部门或不同部门，给予提供建议、指导和帮助

（9）企业社交App　企业社交App包含共享社区、聊天、评论和私信功能等

（10）组团合作　公司经常根据任务组建团队

（11）组队竞赛　公司经常会组建团队进行业务竞赛

2. 在游戏中，您通常属于下列哪一类玩家（　　）[以下都是单选题]

（1）奋斗者——渴望通过获得高分实现个人发展

（2）成就者——更希望从游戏中学习并获得体验

（3）竞技者——追求战胜其他玩家

（4）社交者——青睐建立关系和与他人协作

3. 以下是关于您在日常工作中主动行为的一些问题，请根据您的实际情况作答

（1）在工作中，我会主动地解决问题。（　　）

A. 非常不符合　　　B. 比较不符合　　　C. 不符合

D. 符合　　　　　　E. 比较符合　　　　F. 非常符合

（2）在工作中，每当有机会积极参与时，我会抓住机会。（　　）

A. 非常不符合　　　B. 比较不符合　　　C. 不符合

D. 符合 　　　　　　　E. 比较符合　　　　　F. 非常符合

（3）在工作中，我会积极进取，即使别人不这样做的时候。（　）

　　A. 非常不符合　　　B. 比较不符合　　　C. 不符合
　　D. 符合　　　　　　E. 比较符合　　　　F. 非常符合

（4）在工作中，为了实现目标，我会快速把握机会。（　）

　　A. 非常不符合　　　B. 比较不符合　　　C. 不符合
　　D. 符合　　　　　　E. 比较符合　　　　F. 非常符合

（5）在工作中，通常我会做的比要求的多。（　）

　　A. 非常不符合　　　B. 比较不符合　　　C. 不符合
　　D. 符合　　　　　　E. 比较符合　　　　F. 非常符合

（6）在工作中，我特别擅长实现目标，完成工作任务。（　）

　　A. 非常不符合　　　B. 比较不符合　　　C. 不符合
　　D. 符合　　　　　　E. 比较符合　　　　F. 非常符合

（7）在工作中，当问题出现时，我会积极寻找解决的方法。（　）

　　A. 非常不符合　　　B. 比较不符合　　　C. 不符合
　　D. 符合　　　　　　E. 比较符合　　　　F. 非常符合

4. 以下是关于您的工作场所精神性的一些问题，请根据您的实际情况作答

（1）我的工作场所在某种程度上具有挑战性。（　）

　　A. 非常不符合　　　B. 比较不符合　　　C. 不符合
　　D. 符合　　　　　　E. 比较符合　　　　F. 非常符合

（2）我的工作场所提供多样化的联结和发展。（　）

　　A. 非常不符合　　　B. 比较不符合　　　C. 不符合
　　D. 符合　　　　　　E. 比较符合　　　　F. 非常符合

（3）在我的工作场所，我可以改变过去的自己。（　）

　　A. 非常不符合　　　B. 比较不符合　　　C. 不符合
　　D. 符合　　　　　　E. 比较符合　　　　F. 非常符合

(4) 我的工作涉及所有人和团队之间的互动和影响。（　　）

A. 非常不符合　　　　B. 比较不符合　　　　C. 不符合
D. 符合　　　　　　　E. 比较符合　　　　　F. 非常符合

(5) 我的工作场所强调个人经验。（　　）

A. 非常不符合　　　　B. 比较不符合　　　　C. 不符合
D. 符合　　　　　　　E. 比较符合　　　　　F. 非常符合

(6) 我的工作环境对我有积极的影响，例如，领导者是模范。（　　）

A. 非常不符合　　　　B. 比较不符合　　　　C. 不符合
D. 符合　　　　　　　E. 比较符合　　　　　F. 非常符合

(7) 在工作中，我愿意以积极的态度和关心影响他人。（　　）

A. 非常不符合　　　　B. 比较不符合　　　　C. 不符合
D. 符合　　　　　　　E. 比较符合　　　　　F. 非常符合

(8) 在工作中，我愿意积极帮助别人。（　　）

A. 非常不符合　　　　B. 比较不符合　　　　C. 不符合
D. 符合　　　　　　　E. 比较符合　　　　　F. 非常符合

(9) 在工作中，我知道如何调解自己。（　　）

A. 非常不符合　　　　B. 比较不符合　　　　C. 不符合
D. 符合　　　　　　　E. 比较符合　　　　　F. 非常符合

(10) 在工作中，我知道如何从不同的角度思考。（　　）

A. 非常不符合　　　　B. 比较不符合　　　　C. 不符合
D. 符合　　　　　　　E. 比较符合　　　　　F. 非常符合

(11) 在工作中，我愿意容忍别人。（　　）

A. 非常不符合　　　　B. 比较不符合　　　　C. 不符合
D. 符合　　　　　　　E. 比较符合　　　　　F. 非常符合

(12) 在工作中，我愿意牺牲自己，不索取荣誉。（　　）

A. 非常不符合　　　　B. 比较不符合　　　　C. 不符合
D. 符合　　　　　　　E. 比较符合　　　　　F. 非常符合

(13) 在工作中，我会反思自己的错误并加以改进。（ ）

A. 非常不符合　　　　B. 比较不符合　　　　C. 不符合

D. 符合　　　　　　　E. 比较符合　　　　　F. 非常符合

(14) 在工作中，我接受自己。（ ）

A. 非常不符合　　　　B. 比较不符合　　　　C. 不符合

D. 符合　　　　　　　E. 比较符合　　　　　F. 非常符合

(15) 在工作中，我觉得我被别人认同了。（ ）

A. 非常不符合　　　　B. 比较不符合　　　　C. 不符合

D. 符合　　　　　　　E. 比较符合　　　　　F. 非常符合

(16) 在工作中，我认识到自己的成长，而且我受到了鼓舞。（ ）

A. 非常不符合　　　　B. 比较不符合　　　　C. 不符合

D. 符合　　　　　　　E. 比较符合　　　　　F. 非常符合

(17) 在工作中，我愿意承担责任，勤勉持之以恒。（ ）

A. 非常不符合　　　　B. 比较不符合　　　　C. 不符合

D. 符合　　　　　　　E. 比较符合　　　　　F. 非常符合

(18) 在工作中，我感到平和，有归属感；我的情绪稳定，能承受压力。（ ）

A. 非常不符合　　　　B. 比较不符合　　　　C. 不符合

D. 符合　　　　　　　E. 比较符合　　　　　F. 非常符合

5. 以下是一些您的基本信息，请根据您的实际情况作答

(1) 您的性别（ ）

A. 男　　　　　　　　B. 女

(2) 您的年龄（ ）

A. 25 岁及以下　　　　B. 26~29 岁

C. 30~35 岁　　　　　D. 36 岁及以上

(3) 您的教育水平（ ）

A. 高中及以下　　　　B. 大专

C. 大学本科　　　　　D. 硕士及以上

（4）您在本单位的工作年限（　　）

A. 2 年及以下　　　　B. 3~5 年

C. 6~10 年　　　　　 D. 11 年及以上

（5）您的工作性质（　　）

A. 文职工作　　　　　B. 管理性工作

C. 技术性工作　　　　D. 市场性工作　　　　E. 其他

（6）您在单位的位置（　　）

A. 基层员工　　　　　B. 中层管理者　　　　C. 高层领导者

后 记

本书的研究成果来自我的博士毕业论文。几年的读博生涯，也短也长。博士报到的那个熙攘上午，一幕幕画面现在依旧记忆深刻，而电脑中储存的文献，键盘上敲打留下的痕迹却见证了自己一路漫长的修行。纵然曾面临巨大压力，经历情绪低谷，但也锻造了面对困难挫折时的韧性，学会了向下扎根，厚积薄发。

首先，衷心感谢我的导师高良谋教授的耐心指导，从选题到完稿都有恩师的方向指引和保驾护航。高良谋教授学识渊博、治学严谨，不仅教给我科学做研究的方法，正如杜牧所言，"学非探其花，要自拔其根"，还激励我要做有价值、有学术前瞻性的研究，鼓励我毕业后也要以优秀青年教师的标准要求自己。除高超的学术水平和良好的学术素养让我深感敬佩以外，恩师对待学生认真负责的态度也让我充满感激。他不仅亲自为我的文章提供研究方向和写作思路，还多次邀请学院的老师为我出谋划策。在此，我要向导师高良谋教授表达我最深的敬意，他的谆谆教导犹如明灯一样，将指引我今后的人生旅程。

其次，我要感谢为我的书稿不吝赐教的郑文全教授、邱国栋教授、王磊教授、李宇教授、陈仕华教授、和韵江教授等东北财经大学工商管理学院的教授，尤其是我的专业课老师林忠教授。学院的诸位教授学问精深、谦逊真诚、求真务实，皆是为人师表的楷模。同时，我还要感谢山东青年政治学院第十二届学术专著出版基金对本书的大力资助。

后　记

再次，我要感谢我的同学和同门的兄弟姐妹，感谢他们在生活上对我的陪伴和照顾，很荣幸能够和他们度过那些开心的时刻，我将珍藏那些宝贵的回忆。也感谢他们在学习上对我的指导和启发，无论是开会时还是私下里交流，大家一起互相讨论学习，所谓"君子有匪，如切如磋，如琢如磨"，大抵便是如此吧。真诚地祝大家都成果丰硕，前程似锦！

最后，我要感谢我的家人和朋友。感谢他们在读博期间对我的关心与爱护、鼓励和支持、理解与包容，既为我免去了后顾之忧，又为我提供了前进的动力，使我最终圆满完成学业，感激之情无以言表，唯有永远铭记于心！

陈园园

2023 年 10 月 16 日